U0515195

农民创业跃迁中
创业支持的作用机制研究

雍 旻◎著

中国财经出版传媒集团

经济科学出版社
Economic Science Press

图书在版编目（CIP）数据

农民创业跃迁中创业支持的作用机制研究/雍旻著
. －－北京：经济科学出版社，2022.10
ISBN 978 - 7 - 5218 - 4059 - 9

Ⅰ.①农⋯ Ⅱ.①雍⋯ Ⅲ.①农民 - 创业 - 研究 - 中
国 Ⅳ.①F323.6

中国版本图书馆 CIP 数据核字（2022）第 182282 号

责任编辑：崔新艳
责任校对：王苗苗
责任印制：范　艳

农民创业跃迁中创业支持的作用机制研究

雍　旻　著

经济科学出版社出版、发行　新华书店经销
社址：北京市海淀区阜成路甲 28 号　邮编：100142
经管中心电话：010 - 88191335　发行部电话：010 - 88191522
网址：www. esp. com. cn
电子邮箱：expcxy@ 126. com
天猫网店：经济科学出版社旗舰店
网址：http://jjkxcbs. tmall. com
北京季蜂印刷有限公司印装
710 × 1000　16 开　8.75 印张　160000 字
2022 年 11 月第 1 版　2022 年 11 月第 1 次印刷
ISBN 978 - 7 - 5218 - 4059 - 9　定价：55.00 元
（图书出现印装问题，本社负责调换。电话：010 - 88191510）
（版权所有　侵权必究　打击盗版　举报热线：010 - 88191661
QQ：2242791300　营销中心电话：010 - 88191537
电子邮箱：dbts@ esp. com. cn）

本书受到江西财经大学出版资助

前　言

　　在当前我国"三农"工作重心由脱贫攻坚向全面推进乡村振兴的战略转换背景下，农民创业跃迁（即从生存型农民创业到机会型农业创业的跃迁）成为农民创业者提升自我发展能力、缓解与消除农民群体贫困的主要途径，并构成农村区域经济社会发展的重要变革力量。然而处于非正式市场的农民创业者既局限于"模糊风险厌恶"的行为特征又缺乏必要的创业资源，仅凭自身的力量难以跨越非正式与正式市场间的制度鸿沟，使得创业支持对其成功实现跃迁来说不可或缺。创业支持在提供必要的资源使处于非正式市场中的农民创业者有能力超越生存型农民创业的同时，创造出相应的制度条件以支撑其在正式市场环境下实现机会型农业创业发展。

　　本书以当下中国农民创业减贫与农村产业脱贫为背景，针对农民创业跃迁过程及其中出现的创业支持，以央视《致富经》栏目2014～2018年播出的1125期节目为样本，挑选出其中173个农民创业实例作为研究案例，采用制度视角，通过逻辑演绎、扎根分析、多案例研究、Agent建模仿真等方法，对农民创业跃迁中创业支持的作用机制进行了系统分析与研究。

　　农民创业跃迁从现象上看是一个创业类型跃迁的过程；从本质上说是创业者实现正规化的过程，即从非正式市场跃迁到正式市场。鉴于此，首先阐释了创业类型跃迁的现象并审视其中出现的创业支持行为。创业类型跃迁是农民创业者在环境诱因的诱发下，突破生存型创业者的"模糊风险厌恶"心理禁锢，借助创业支持打破生存型创业系统在封闭的、非正式市场环境中形成的均衡，并通过商业模式创新捕获新的商业机会实现机会型创业发展，从而完成由封闭向开放、由非正式向正式市场的系统性跃迁。其次，透过创业类型跃迁的现象，探析了农民创业者在实现正规化过程中创业支持的作用机制。私人、学术、政府、非政府组织四类创业支持者实施一系列克服结构性制度空洞的举措，既提供了跃迁的经济激励和基础设施，更弥合了非正式与正式价值观念、行为规范、合理性认识之间的差异，促进了创业者在个体、网络、系统层面的变革。总体上，创业支持者及其支持举措构成的"泛中介"创业支持系统为农民创业正规化提供支撑。最后，通过基于 Agent 的建模仿真还原了农民创业跃迁中创业支持的现实，验证了本书所提创业支持系统作为泛制度中介助力农民创业跃迁并实现正规化的理论框架。

本书的研究结果有助于理解农民创业跃迁过程及其背后的制度逻辑，在一定程度上丰富了创业支持行为理论、制度中介理论，有益于非正式经济与创业交叉领域研究的深入发展，同时也为贫困治理体系创新与现代农业产业发展战略的分析提供了借鉴。

目　　录

第 1 章
绪　论

1.1　研究背景与问题提出

1.1.1　研究背景

党的十八大以来，经过 8 年持续努力，到 2020 年底，中国如期完成新时代脱贫攻坚目标任务。[①] 脱贫攻坚的胜利不是终点，而是新生活新奋斗的起点。打赢脱贫攻坚战之后，"三农"工作的重心历史性地转向了全面推进乡村振兴。中国将持续巩固拓展脱贫攻坚成果，做好同乡村振兴有效衔接，以更有力的举措、汇聚更强大的力量全面推进乡村振兴。这对解决发展不平衡不充分问题、缩小城乡区域发展差距、实现人的全面发展和全体人民共同富裕意义深远。

如何逐步由集中资源支持脱贫攻坚向全面推进乡村振兴平稳过渡成为亟待解决的问题。从脱贫攻坚到全面推进乡村振兴，这是一个具有里程碑意义的重大转换，也意味着"三农"工作的任务进入一个战略转段。乡村振兴战略的主要内容包括五大振兴，首要的就是产业振兴。[②] 通过发展现代农业产业、促进农业创业，不仅能够有效防止返贫，还能带动更多脱贫人口增收致富。因此，从创业学的角度审视从脱贫攻坚到乡村振兴的战略转换，就是要实现从生存型农民创业到机会型农业创业的跃迁。

[①] 　现行标准下 9899 万农村贫困人口全部脱贫，832 个贫困县全部摘帽，12.8 万个贫困村全部出列，14 个集中连片特困地区区域性贫困问题得到解决。（资料来源：《人类减贫的中国实践》白皮书，国务院新闻办公室 2021 年 4 月发布）

[②] 　详见《中华人民共和国乡村振兴促进法》。

"农民创业"，指农民以家庭为依托，在农业及相关涉农行业中，利用自身的资源要素，通过扩大现有生产规模或从事新的生产经营活动以达到可持续生计并进一步谋求发展（Si et al.，2015）。然而，大多数农民创业都处在维持生计的简单循环中，对当地经济社会的影响实为有限。伴随着农业产业革命的兴起，农民将致力于生态、高效、科技的现代农业领域的创业活动，即农业创业。农业创业指农民在农业及相关涉农行业中，整合各项资源，创建社会化生产或经营组织，开发并利用商业机会以实现经济效益和社会价值（俞宁，2013）。从上述两种创业类型来看，基于简单扩大再生产模式的农民创业尚不足以实现全面推进乡村振兴战略，农业创业才是从根本上缓解贫困并最终走向富裕的重要途径。

事实上，虽然多数农民创业者通过维持较低层次的农民创业活动实现了贫困的缓解，但不难发现，少数农民创业者通过创业类型的跃迁开展更高层次的农业创业活动不仅实现了脱贫致富，还将产业相关的贫困农户纳入其农业创业活动之中，在相当程度上缓解并消除了群体贫困。在本书中，将农民创业者从生存型农民创业到机会型农业创业的跃迁定义为"农民创业跃迁"。这种创业跃迁的现象引起了理论界和实务界的广泛关注（Si et al.，2020；Wu et al.，2020）。类似于一个双线结构的故事，对农民创业跃迁的研究需要解读两条交织在一起的线索。

（1）农民创业跃迁是一个从生存型创业到机会型创业的创业类型跃迁过程。以创业初始动机为标准划分创业类型，生存型创业指因贫困且缺乏其他就业选择而被迫从事的创业活动；机会型创业是为了捕获商业机会而主动开展的创业活动（Neck et al.，2003）。通常情况下，生存型创业发生在传统或非正式市场，机会型创业发生在现代或正式市场（Naudé，2011）。文献已证实，新兴国家大部分的农民创业活动属于生存型创业，且主要发生在非正式市场（Langevang et al.，2012）。所以，生存型的农民创业和机会型的农业创业是两种性质完全不同的创业活动。不仅如此，相比生存型创业，机会型创业对创业者的人力、财务和社会网络资源要求更高（蔡莉等，2008）。非正式市场中的贫困农民不仅缺乏资本而且缺乏能力，因此被正式市场排斥，难以进入正式市场谋求机会型创业发展（Ansari et al.，2012）。

所以，农民创业跃迁需要由创业支持者提供相应的资源并将其聚合成能力，以便创业者利用这些能力创造并获取价值。根据定义，不以特定经济回报为目的支持创业者的个人或组织称为创业支持者（Saxton et al.，2016）。在本书中共有四类创业支持者，分别为私人、学术、政府、非政府组织（Non-Governmental Organization，NGO），为实施跃迁的农民创业者提供针对产品/服务本身的资源，人力资源和财务资源等。由于农民创业者自身及其家庭无法提供充足的资源，因此需要调动创业社区中的支持才有可能成功实现跃迁。

（2）伴随农民创业跃迁的展开，创业者所处的制度领域发生了根本性变化，即由非正式市场跃迁到了正式市场。本书将农民创业者从非正式市场跃迁到正式市场的过程概念化为"农民创业正规化"。非正式市场中的经济交换并不依赖正式制度（即规则、法律、契约等），而主要依靠的是非正式制度，即关系、承诺和惯例等（Webb et al.，2009）。新兴国家农产品非正式与正式市场之间的特征差异明显。非正式市场的特点是易进入，以家庭自营业务为主，由小规模、劳动密集与受管制程度低的经济活动构成（Vorley，2013）。常见的例子是在当地社区出售鲜果和蔬菜的货摊与马路市场。相比之下，正式市场通常被描述为拥有高质量要求和食品安全标准的市场，不同市场主体的经济活动普遍受到监督（Longfield，2014）。实例包括商超、出口供应链以及农产品加工企业的主要销售渠道（实体店铺或电商平台）。正规化之前，农民创业者普遍参与当地非正式市场活动，通常直接向消费者少量出售低质量的农产品，或者转卖给当地非正式商贩。参与正式市场需要生产效率大幅提升，并提高农产品的产量和质量。

因此，两类市场间的制度环境差异形成了一道制度鸿沟。虽然既有研究充分讨论了制度中介帮助企业跨越制度鸿沟或克服制度空洞的作用（Smith et al.，2016；Dutt et al.，2016；McAdam et al.，2018），但从农民创业正规化过程中出现的创业支持来看并不同于传统意义的制度中介。首先，根据现有文献中的定义，制度中介指为帮助创业者克服制度空洞而提供正式商业基础设施的组织，譬如 NGO、孵化器、加速器和行业协会等（Mair et al.，2012；Dutt et al.，2016；Cao and Shi，2020；Sydow et al.，2020）。在本书研究的农民创业正规化场景中，该定义无法涵盖具有不同制度逻辑的多类型创业支持者（私人、学术、政府、NGO）。其次，上述定义强调中介组织提供市场基础设施弥补"商业制度空洞"的作用方式，而创业支持举措为促进创业者在个体、网络、系统层面的制度变革，作用方式更为宽泛。综上，"制度中介"概念无法直接用于本研究回答创业支持对农民创业跃迁与正规化的作用机制。借鉴丁孝智和季六祥（2008）将"市场中介"拓展为"泛市场中介"的思路，通过引入创业支持系统将制度中介拓展为"泛制度中介"概念，用于解释该系统如何促进农民创业正规化。

综合上述两条线索不难发现，农民创业跃迁从现象上看是一个创业类型跃迁的过程，从本质上说是创业者实现正规化的过程。而创业支持在这两条线索中的作用均不可或缺：既提供必要的资源使处在非正式市场中的农民创业者有能力超越生存型农民创业活动，同时创造出相应的制度条件以支撑其在正式市场环境下实现机会型农业创业发展。

1.1.2　问题提出

农民创业者从农民创业到农业创业的跃迁过程与其从非正式市场跃迁到正式市场的正规化过程相重合，共同构成一个双线结构的创业演进过程。该过程从现象上看是创业类型的跃迁，即从生存型创业跃迁到机会型创业。现有文献多以农民创业属生存型创业、农业创业属机会型创业为基础前提，探讨两种不同类型创业活动的资源需求、创业者特质以及所产生经济与社会效益的差异等（朱明芬，2010），鲜见对创业类型跃迁的研究。由于长期处在贫困状态的农民群体"模糊风险厌恶"（对未知风险的厌恶程度高于已知风险）的行为特征突出，农民创业者在非正式市场环境下倾向于保持原有的创业类型。因此，以创业初始动机为标准的创业类型二分法——生存型与机会型创业，无力解释农民创业者的动机因何改变，也无法提供对创业类型跃迁的解释。变革型创业理论的提出，突破了生存型与机会型创业泾渭分明的界限，开始研究生存型向机会型创业的转变问题（Schoar，2010）。有学者对英国城市贫民创业动机的研究表明，创业者的初始动机是生存与发展的混合，并随着业务扩张逐渐向发展的动机倾斜（Williams and Williams，2014）。兰格万等（Langevang et al.，2012）对新兴经济体中生存型创业者缺乏发展愿望的观点提出质疑，认为创业动机和愿望将随社会经济环境、社会网络、家庭关系的变化而变化。现有变革型创业的研究多是从宏观层面讨论创业类型转变所需的外部条件，缺乏从个体层面对创业类型跃迁过程的动态描述。

伴随跃迁过程的展开，农民创业者亦开始了由非正式市场跃迁到正式市场的正规化过程。基于制度经济学的解释强调正式法规与基础设施提供的经济激励将促使创业者为进入正式市场实施合法性转变。尽管见解独到，但该类研究在很大程度上忽视了非正式制度环境的影响。为了完整地描述正规化，应该考虑到创业者在此过程中如何才能实现在不同制度领域之间的跃迁。由于制度具有行为引导和约束的作用，所以仅靠创业者的力量难以完成跃迁。事实上，正规化过程中往往依靠私人、政府、学术或非政府组织的力量。该类个体或组织作为创业支持者帮助创业者拓展认知边界，转变行为模式，以支持其业务从非正式市场拓展到正式市场（Pietrobelli and Rabellotti，2010）。所以，创业支持者实质上充当了促成创业者在不同制度领域之间跃迁的制度中介角色（Mair et al.，2012；Dutt et al.，2016）。以往研究已指出，不同类型的市场主体构成了"泛中介"服务网络，通过提供市场连接载体、中间产品与网络服务，发挥着市场中介的作用（丁孝智和季六祥，2008；季六祥，2009），但未有研究从制度中介的角度挖掘"泛中介"创业支持系统对农民创业正规化的作用机制。

因此，不论在农民创业跃迁还是农民创业正规化的过程中，创业支持都起到了关键作用。一方面，贫困地区创业者的创业资本是一个综合性的概念，只有社会、人力、心理、金融、技术等资本要素皆具备，才能够对创业者的创业意愿、创业动机产生有利的影响，提升创业绩效，真正实现创业扶贫。萨克斯顿等（Saxton et al.，2016）指出，创业支持行为给创业者提供了不可或缺的创业资源与能力，帮助创业者取得成功。上述分析虽有利于理解创业支持对创业跃迁的重要支撑作用，但依然是片段式的，无法提供对创业跃迁的系统解释。另一方面，在农产品市场背景下，有关制度中介帮助跨越制度鸿沟或克服制度空洞的问题，学者们主要通过案例研究试图揭示该作用机制。例如，梅尔等（Mair et al.，2012）描述了孟加拉国农村发展委员会（Bangladesh Rural Advancement Committee，BRAC①）充当制度中介，通过支持基础设施建设与商业开发活动在孟加拉国农村地区进行包容性市场建设的过程。再如，托拜厄斯等（Tobias et al.，2013）指出，在卢旺达咖啡产业中，由政策制定者和业务已形成规模的"成功创业者"充当制度中介创造机会，普通农民创业者则利用机会以取得更佳的社会和经济效益。然而，该类案例研究并未得到较为一致的理论框架，尚无法很好地解释农民创业正规化情境中制度中介的作用机制。

基于上述的实践问题与理论研究的不足，本书提出研究问题：以农民创业减贫与农村产业脱贫为背景，透过农民创业跃迁的现象，探析农民创业正规化的制度本质，研究创业支持如何作用于农民创业跃迁与正规化，并对该作用机制进行仿真验证。（1）农民创业者从生存型农民创业到机会型农业创业的跃迁过程以及其中出现的创业支持行为。鉴于现有研究普遍关注农民创业者选择机会型农业创业的背景和条件，且创业支持的作用与跃迁的实施结果密切相关，因此有必要对整个跃迁过程进行描述与刻画，并审视该过程中创业支持行

---

① BRAC 最初是"孟加拉国复兴援助委员会"的缩写，其主要关注点是自然灾害后的救援工作。1973 年，该组织更名为"孟加拉国农村发展委员会"，反映出对农业、农村发展的重视。此后的 30 多年里，该组织已发展成一个国际性的非政府组织，业务范围亦延伸至市场建设等领域。

为的地位与作用。（2）创业支持系统对农民创业正规化的作用机制。鉴于现有的理论框架无力提供制度中介对农民创业正规化具体作用路径和机制的良好解释，因而本书需要回答创业支持系统作为泛制度中介如何促进农民创业正规化。（3）农民创业者遇到不同类型制度问题时向何种类别支持者寻求帮助。针对该问题展开研究，目的在于对所提出的"泛中介"作用机制进行理论测试。鉴于前两个问题均是由案例研究得到结论，其普适性有待通过进一步的验证。根据所提出的理论框架收集与具体创业支持举措相关的经验数据，用作ABM模型拟合，利用各类支持者解决制度问题的整体分布情况对ABM仿真结果进行检验。若仿真结果能够高度还原现实情况，则所提理论框架得到验证。

1.2　研　究　意　义

1.2.1　理论意义

本书利用相关学科的知识与理论，对创业支持在农民创业跃迁过程中的作用机制进行了深入探索与分析，构建了以开放为特征的创业类型跃迁的动力系统模型，表明了创业支持行为对创业类型跃迁的助力作用，并解释了创业支持系统如何促进农民创业正规化，还发现了农民创业者在完成跃迁后可以转变角色，充当创业支持者，进一步强化创业支持系统，从而加速农民创业跃迁良性循环的形成。总之，本书深度解析了农民创业跃迁现象并点明其中创业支持的作用，丰富了创业支持行为理论、制度中介理论，尤其在农民创业的情境中将制度中介拓展为"泛中介"概念，有益于当代中国场景下农民创业减贫与建立现代农业产业理论研究的推进。

（1）在当代中国农民创业减贫背景下考察了农民创业跃迁的现象，揭示了创业支持对其实现创业类型跃迁的必要性，由此从创业学的角度对扶贫理论做出解释，丰富了创业扶贫的理论研究。本书首先详细阐述了农民创业跃迁的过程，既探讨了农民创业者增强自我发展能力的方式，又对农民创业者跃迁前后的创业减贫效应和农村创业社区的经济状况进行了对比分析，证实了创业跃迁是从根本上缓解贫困并最终走向富裕的重要途径。在此基础上，揭示出创业支持行为通过向农民创业者提供各类必要的创业资源为其成功实施跃迁塑造能力，凸显出创业支持在该过程中的作用不可或缺。不仅如此，本书还基于制度视角，剖析了创业支持系统对农民创业者从非正式市场跃迁到正式市场的作用机制，从而为社会各界把握新时期我国农民创业者的现实困境和脱贫路径提供新的理论认知视角，为不同类别创业支持者实施支持举措提供针对性的理论指导。

（2）通过引入创业支持系统，将制度中介拓展为"泛中介"概念，以此解释创业支持系统如何促进农民创业正规化是本书的核心理论贡献。过往研究充分讨论了发展中国家的单一组织（通常为 NGO）充当制度中介对克服制度空洞、促进市场发展及制度建设的有效性。然而，面对新兴国家的结构性制度空洞，达特等（Dutt et al.，2016）提出需要以能够为包括创业者在内的各方主体创造价值的开放系统中介（open system intermediaries）来应对。但是，就系统参与主体的开放性、引入外部资源的多元性以及创业发展的独立性来看，开放系统中介仍然不是理想的解决方案。本书在农民创业正规化过程中引入由私人、学术、政府、NGO 等创业支持者及其支持举措构成的"泛中介"创业支持系统。从作用机制来看，该系统定位于助力农民创业者实现正规化的整个过程，由不同类别的创业支持者通过个体、网络、系统层面的支持举措，以克服结构性制度空洞，既提供了跃迁的经济激励和基础设施，更弥合了非正式与正式价值观念、行为规范、合理性认识之间的差异，帮助农民创业者适应新制度领域的要求。

（3）本书的研究是对创业支持行为理论的深化与发展。先前大多数创业支持研究的出发点均为现实考虑，缺乏基础理论的指导。萨克斯顿等（2016）基于社会交换理论（social exchange theory），开创性地构建了创业支持行为的理论框架。此后的研究在此基本框架内对创业支持行为的特征、作用及其所能提供的资源展开研究，推动并发展了创业支持行为理论。拉蒂霍等（Ratinho et al.，2020）在充分肯定创业支持行为理论基础的同时，提出了创业支持举措的概念，用于强调创业支持的作用方式与结果；与此同时，还指出应将创业支持置于具体的研究范畴（制度、组织、管理等），以便认识到各项举措的总体架构，并获得创业支持者如何通过各项举措融入支持创业者发展过程之中的系统性结论。本书将由创业支持者及其支持举措构成的创业支持系统置于农民创业正规化的制度研究范畴之中，明确了创业支持举措帮助创业者解决具体制度问题的目标导向，揭示了创业支持系统促进农民创业正规化的作用机制，由此在农民创业情境中延伸了创业支持行为理论。此外，将创业支持举措及其影响引入 ABM 仿真也丰富、深化了针对具体制度问题的创业支持的分析方法。

1.2.2 实践意义

精准扶贫战略自 2013 年提出以来，创业扶贫作为该战略的实践模式之一体现出积极的减贫效应。然而，受生存型农民创业本身的局限，其减贫作用的深度与广度远不如机会型农业创业。2017 年党的十九大报告提出乡村振兴与建设现代产业体系的战略，其中农业产业的形成是实现上述战略目标的关键所在（姜长云，2018）。正式的农业创业能够融入现代农业产业的建立过程，创造出巨大的社会经济效益（叶敬忠等，2018）。因此，寻求农民创业到农业创业的发展定位及可行路径，既是对当前我国扶贫治理模式的创造性突破，更是对巩固脱贫攻坚成果与现代农业产业的建立具有显著的现实意义。为此，本书对创业支持在农民创业跃迁过程中的作用机制进行研究，能够为解释创业类型跃迁现象提供新的观察视角与分析途径，给出了理解创业支持系统作用于农民创业正规化的制度逻辑，为完善创业减贫模式、发展现代农业产业、构建农村区域创业生态系统、推进贫困治理体系创新等方面提供支撑，同时也为新时期全面推进乡村振兴顶层政策设计提供一定的启示。

（1）对于政策制定者，应重视制定推动创业类型跃迁的公共政策，促进非正式与正式市场间的相互作用。一方面，完善产业招商的制度环境，促成外部参与者与农业创业者的积极合作。对外部正式市场中的参与主体而言，农业创业者是其本土合作伙伴的极佳选择。其拥有的市场知识以及本地社会嵌入能力通常代表着有价值的无形资产，对正式市场参与主体拥有的传统资源构成有效的补充。另一方面，可促进创业支持者之间形成联动机制，使创业支持系统呈现合作共赢、持续健康发展的格局。在形式上，可采用专业、产业和区域联盟，构建产学研用紧密结合、上中下游有机衔接的协同协作机制，充分发挥在技术攻关和推动产业发展等方面的制度创新优势。

（2）对于创业支持者，鉴于其身份、所拥有资源与提供的帮助差异明显，建议在实施具体支持举措之前要明确自身的角色，根据其所擅长的领域提供针对性支持。从本书的结论看，学术类创业支持者擅长处理个体层面的制度问题；出现网络层面的制度问题时，创业者多向 NGO 和私人类支持者寻求援助；政府类创业支持者则更多地处理系统层面的制度问题。另外，在农民创业正规化的不同阶段，采用不同的支持举措促进创业发展。在"进入正式市场"阶段，将支持重点定位在激发跃迁动机以及对新技术与生产实践的采纳上，引导创业者从社会网络中积极开发创业网络；在"融入正式市场"阶段，协调创业者与正式市场经销商、供应商建立商业联系，引入和推行新的市场规则并援建基础设施。

（3）对于农民创业者，从内部自身因素来看，应积极探索"公司＋农户"等新型合作模式，努力实现自发性突围；从外部助力因素来看，农民创业者需要通过响应、配合、规划各项支持举措，把握支持系统的相互依赖性和时间敏感性。在与创业支持者有效交互的过程中提升其动态能力，并最大限度地实现自身发展。本书在对农民创业跃迁过程进行描述与刻画的基础上，揭示出创业者在非正式与正式市场的不同制度领域间跃迁的制度逻辑，为研究农民创业演进提供了支撑，从而有利于农民创业者把握创业发展的方向，同时提高自身创业管理的效率。

1.3　研究内容、研究方法与技术路线

1.3.1　研究内容

以当下中国农民创业减贫与农村产业脱贫为背景，针对农民创业跃迁过程及其中出现的创业支持，结合生存型与机会型创业、创业支持行为、创业拼凑、制度创业、制度经济学与组织制度等理论，通过文献分析与逻辑演绎，扎根分析与案例研究，模型构建与仿真研究等，认为有必要透过创业类型跃迁的现象深入挖掘农民创业者在实现正规化过程中创业支持的作用机制。本书系统分析以下研究内容。

（1）农民创业跃迁过程及其中的创业支持行为。维斯沃纳森等（Viswanathan et al.，2014）将农民创业描述为生存型创业系统在封闭的、非正式市场环境中形成的均衡，与此不同，创业类型的跃迁始于外部环境中打破均衡因素的诱发，因而将环境诱因纳入农民创业跃迁的过程进行分析。跃迁开始后，创业者如何获得必要的资源以及怎样借此重塑系统动力实现机会型创业发展，是本书首先需要回答的问题。基于此，需要运用逻辑演绎，将创业支持行为纳入农民创业跃迁的分析过程中，构建以增长为导向、以开放为特征的创业类型跃迁动力系统模型，完成对创业类型跃迁过程的描述与刻画，为本书后续研究内容的深入奠定基础。

（2）创业支持系统对农民创业正规化的作用机制。跃迁完成前后农民创业者所处制度领域发生了根本性变化，这表明创业类型跃迁的背后还存在创业

者在非正式与正式市场之间实现跃迁的内在制度逻辑。此外，根据现有制度中介的研究结果推论，创业支持者及其支持举措可能在农民创业正规化过程中起到重要作用。对此，本书需要将创业支持置于制度研究范畴，以便认识到各项支持举措的总体架构，即创业支持系统对克服结构性制度空洞的作用机制。虽然现有文献为理解制度中介帮助企业跨越制度鸿沟或克服制度空洞的作用提供了有益借鉴，然而，一方面，这些研究中的制度中介多为单一主体（通常为非政府组织）且提供的服务局限于市场基础设施与商业能力培养，对具有不同制度逻辑的多主体实施多层面支持举措的"泛中介"作用机制缺乏讨论；另一方面，在农产品市场背景下，学者们主要通过案例研究试图揭示制度中介的作用机制。然而，该类案例研究并未得到较为一致的理论框架，尚无法很好地解释农民创业正规化情境中制度中介的作用机制。所以，有必要基于当下中国农民与农业创业的研究情境，针对创业支持系统的"泛中介"作用进行系统分析。

（3）创业支持系统作用机制的 ABM 仿真验证。鉴于上述两部分内容均采用案例研究展开，而受该方法本身的局限，所得研究结论应通过定量研究方法进行验证。因此，本部分内容首先根据所提出的理论框架，收集与具体创业支持举措相关的经验数据，用作 ABM 模型拟合；其次，综合案例分析与计量回归确定 ABM 的行为规则，据此模拟农民创业者遇到不同类型制度问题时向何种类别支持者寻求帮助；最后，利用各类支持者解决制度问题的真实分布情况对 ABM 仿真结果进行检验，若仿真结果能够高度还原现实情况，则本书所提出创业支持系统的"泛中介"作用机制得到证实。综上，本部分提出一个综合案例分析与计量回归的创业支持 ABM，通过仿真实现研究结论的自我复制以达到验证效果，从而保证了研究的科学性与严谨性。

1.3.2　研究方法

本书选择在当前中国农民创业减贫与农村产业脱贫背景下，研究农民创业跃迁过程及其中出现的创业支持，探究创业支持系统对农民创业正规化的作用机制，并通过基于 Agent 建模的方法对研究结论进行仿真验证。因而，本书主要运用了逻辑演绎、质性研究与模型仿真研究相结合的方法论。在具体的分析方法上本书主要采用了文献研究、逻辑演绎、扎根分析、案例研究、计量回归、ABM 仿真等分析方法与工具。

（1）文献研究法。一方面，本书基于广泛的文献资料进行理论研究与案头研究，专注于创业减贫与农业产业化的背景、相关的理论基础、农民创业与农业创业的案例，为后续研究提供基础。另一方面，通过对创业类型二分法与变革型创业相关文献、创业机构报告等数据分析，辅助证实了在农村经济发展与农业产业化进程中，农业创业者是取得突破性发展的关键少数，为本书聚焦从生存型农民创业到机会型农业创业的跃迁现象提供了支撑。

（2）逻辑演绎。通过对比分析，以维斯沃纳森等（2014）提出的生存型创业系统对农民创业的特征进行分析，通过逻辑演绎分析提出了纳入了环境诱因、创业支持行为、商业模式创新等因素的开放性创业类型跃迁动力系统模型，为本书后续研究内容的展开奠定了基础。

（3）扎根分析。使用央视网提供的《致富经》纪录片视频资料作为主要的二手数据，并辅以少量的创业者访谈验证，结合中国知网、万方、维普数据库收集的相关数据进行补充。对视频资料转录文稿的反复阅读，根据研究主题提炼出相关场景，然后进行三级编码分析，描述农民创业跃迁及正规化过程的发生机制。

（4）案例研究。基于农民创业跃迁及正规化过程的复杂性和纵贯性，采用创业者层面的探索性案例研究，通过收集的农民创业案例数据，对数据进行内容分析，将支持理论架构的数据进行拆分整合，实现概念范畴化，探究创业支持在农民创业跃迁过程中的作用机制。

计量回归：从案例内容及相关公开信息中提取变量的数据，再通过描述性统计分析，评估样本数据在数量上和质量上是否符合研究要求。接着利用STATA 软件，对数据采用相关分析、回归分析、方差分析等方法，考察各项创业支持举措的资源提供情况、创业支持举措对农民创业正规化的影响等，在此基础上拟合创业者获得支持的效用函数。

ABM 仿真分析：将案例分析所得结果作为制定智能体行为规则的依据，通过计量回归得到经验数据驱动的具体行为规则（即创业者获得支持的效用函数），作为 ABM 模型中创业者智能体的决策逻辑。基于此，构建了综合案例分析与计量回归的创业支持 ABM，借助 AnyLogic 软件对构建的 ABM 实现仿真分析，对创业支持系统作用于农民创业正规化的机制进行验证，以解决研究结论的普适性问题。

1.3.3 技术路线

本书在现实背景与理论研究基础上提出研究问题，厘清研究内容的同时确定了研究目标，形成了技术路线，使用逻辑演绎、质性研究与模型仿真研究相结合的方法论对研究问题进行探索，以完成研究内容并实现研究目标。基于文献研究法、逻辑演绎、扎根分析、多案例研究、计量回归、ABM 仿真分析，得出研究结论并得出了实践启示。本书的技术路线如图 1 - 1 所示。

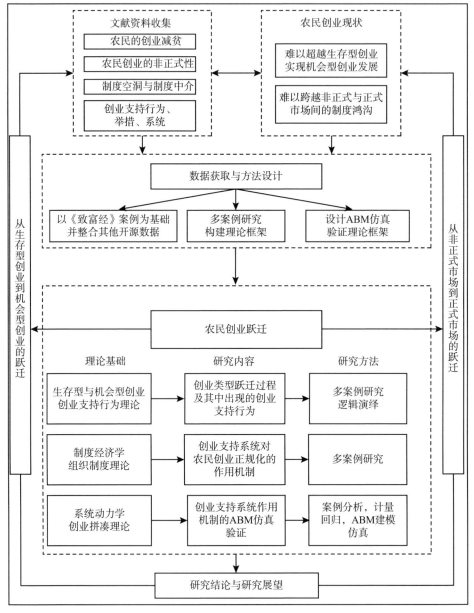

图 1 - 1　技术路线

1.4 论文结构

以当下中国农民创业减贫与农村产业脱贫为背景，采用制度视角，透过创业类型跃迁的现象观察农民创业正规化的本质，对创业支持在农民创业跃迁过程中的作用机制进行研究。本书共有六章内容。

第 1 章绪论。对农民创业跃迁的背景进行总体概述，认为对农民创业跃迁的研究需要解读两条线索：从生存型创业到机会型创业的创业类型跃迁与从非正式市场到正式市场的跃迁。在此基础上，提出研究问题为创业支持在农民创业跃迁过程中的作用机制，指出研究意义与研究内容，设计研究方法与研究技术路线，设定了研究结构，讨论了本书主要创新点。本章旨在为本书研究开展提供整体指引。

第 2 章文献综述。介绍了农民创业减贫现状及农民创业跃迁的实施障碍，分别总结了非正式与正式市场中农民创业的特征，发现了农民创业跃迁的结构性制度空洞问题，在指出现有制度中介应对该制度问题研究不足的基础上，提出本书采用制度经济学与组织制度理论相结合的视角研究创业支持促进跃迁的作用机制。按上述逻辑综述文献的同时，简介了生存型与机会型创业、变革型创业、创业支持行为、创业拼凑、制度创业、制度经济学与组织制度等相关理论。

第 3 章农民创业跃迁与创业支持行为。本章为本书主要研究内容之一，说明从生存型农民创业到机会型农业创业的跃迁过程及其中创业支持行为的地位与作用。首先，利用维斯沃纳森等（2014）的生存型创业系统模型，指出农民创业在封闭系统中循环的基本特征；其次，通过案例研究得到中国情境下农民创业者打破循环所需的破坏性因素，基于此对上述模型进行理论修补；最后，通过逻辑演绎分析提出纳入了创业支持行为等因素的创业类型跃迁动力系统模型，为本书后续研究奠定基础。

第 4 章创业支持系统对农民创业正规化的作用机制。本章为本书主要研究内容之二，阐述创业支持系统如何促进农民创业正规化。运用扎根理论方法，综合制度经济学与组织制度理论视角，基于《致富经》案例并结合中国知网等数据库的补充材料进行多案例研究。采用三级编码展开数据分析，解释了由创业支持者及其支持举措构成的创业支持系统通过促进创业者在个体、网络、系统三个制度层面的变革，为农民创业正规化提供支撑的作用机制。

第 5 章创业支持系统作用机制的 ABM 仿真验证。本章为本书主要研究内容之三,对创业支持系统作用于农民创业正规化的机制进行仿真验证。首先,依照前述章节提出的理论框架,收集与具体创业支持举措相关的经验数据用作 ABM 模型拟合;其次,综合案例分析与计量回归确定 ABM 的行为规则,据此模拟农民创业者遇到不同类型制度问题时向何种类别支持者寻求帮助;最后,利用各类支持者解决制度问题的真实分布情况对 ABM 仿真结果进行检验。基于此,构建出综合案例分析与计量回归的创业支持 ABM 模型,通过 AnyLogic 平台运行模型后采用 MAE 等统计指标对仿真结果进行验证。

第 6 章结论与展望。首先对本书研究从提出问题到开展研究以及得出的主要研究结论做了总结,并提出了本书结论的实践启示,指出了研究的不足,进而点明了以后的研究方向。

1.5　主要创新点

以当下中国农民创业减贫与农村产业脱贫为背景,针对农民创业跃迁过程及其中出现的创业支持,采用制度视角,运用逻辑演绎、质性研究与模型仿真相结合的方法,提出纳入了创业支持行为等因素的创业类型跃迁动力系统模型,揭示了创业支持系统对农民创业正规化的作用机制,并对创业支持系统的作用机制进行了 ABM 仿真验证。可能的主要创新点包括三个方面。

第一,在描述农民创业跃迁过程并审视其中创业支持行为的基础上,结合制度经济学与组织制度理论,探析创业类型跃迁现象背后农民创业正规化的制度本质,构建了创业支持系统作为泛制度中介助力农民创业跃迁并实现正规化的理论框架。

目前大多对农民创业跃迁过程的研究是碎片化的,缺乏从整体系统的视角对创业类型跃迁过程及其中出现的创业支持给予观照。本书通过案例研究构建的创业类型跃迁动力系统模型对该过程进行了动态系统的描述,揭示出创业支持行为通过向创业者提供必要资源为其成功实施跃迁塑造能力,凸显了创业支持在该过程中的作用不可或缺。不仅如此,本研究还发现历经该过程的创业者亦从非正式市场跃迁到正式市场,所处制度领域的制度逻辑由"关系规则"转变为"市场规则"。虽然布鲁顿等(Bruton et al.,2015)提出必须关注农民创业的关键制度背景——非正式性,基于此才能获得对贫困农民超越生存型创业的深刻见解,但鲜有研究从制度视角切入探究创业类型跃迁现象背后的本质。

　　进一步地，在研究非正式经济中的创业活动时，以往学者们主要从制度经济学的角度来理解非正式经济和正规化（Dau and Cuervo-Cazurra，2014），认为正规化是创业者基于成本收益分析后做出的战略选择（Kistruck et al.，2015；Siqueira et al.，2016）。不同于以往制度经济学视角的研究，本书综合组织制度理论视角得到结论：尽管创业者基于成本收益的理性考虑将鼓励其正规化，但非正式的行为规范、价值观念与合理性认识会影响创业者对正式生产实践的采纳；特别是，当原先的创业活动植根于非正式的认识、观念与规范时，尽管存在理性激励，创业者也可能抵制基于正式市场的创新做法。本研究结果表明，农民创业者在"泛中介"创业支持系统作用下的正规化，是既打破非正式制度束缚又采纳正式市场要求做法的过程。该视角与结论丰富了非正式经济与创业交叉领域的研究。

　　第二，通过引入创业支持系统，将制度中介拓展为"泛中介"概念，解释了创业支持系统如何促进农民创业正规化；揭示了通过增强相互依赖性和把握时间敏感性提升系统稳定性的机制；发现了创业者在完成跃迁后可以转变角色，作为创业支持者进一步强化该系统，从而加速农民创业正规化良性循环的形成，在农民创业正规化的情境中丰富了制度中介理论。

　　虽然既有研究充分讨论了制度中介帮助企业跨越制度鸿沟或克服制度空洞的作用（Smith et al.，2016；Dutt et al.，2016；Gao et al.，2017；McAdam et al.，2018），但仍然无力提出具体作用路径和机制的良好解释。在农产品市场背景下，学者们主要通过案例研究试图揭示该作用机制（Mair et al.，2012；Tobias et al.，2013），然而，该类案例研究并未得到较为一致的理论框架，尚无法很好地解释农民创业正规化情境中制度中介的作用机制。因此，本书借鉴朱利迪克等（Giudici et al.，2018）提供的思路，引入创业支持系统的概念，从三个层面的变革阐述其克服结构性制度空洞的功效，表明其具有制度中介的属性，但从该系统的构成与作用机制来说又不同于传统意义的制度中介。首先，创业支持系统由具有不同制度逻辑的多主体（私人、学术、政府、NGO）共同实施一系列相互关联的制度变革举措，帮助创业者实现在不同制度领域之间的跃迁。这一点不同于在发展中国家由某一特定组织充当中介，包揽从提出到推广、最后正式化制度原型的全套行为。其次，亦不同于新兴国家孵化器组织通过提供市场基础设施与培养商业能力弥补"商业制度空洞"的作用方式（Dutt et al.，2016），创业支持者不仅为正规化提供必要的经济激励和基础设施，更弥合了非正式与正式行为规范、价值观念、合理性认识之间的差异。具体而言，创业支持者帮助农民创业者理解正规化收益诱发其创业发展意愿，采纳个体与网络层面的新实践，管理其经营和产出以达到正式市场标准。总体上看，创业支持系统充当制度中介时兼具社会创业与商业孵化特征。所以，创业支持系统作为"泛制度中介"，既包含了制度中介的概念，又拓展了原有研究框架中的内容。

第三，以个体、网络、系统层面创业支持举措的相关经验数据拟合 ABM，仿真各类创业支持者解决制度问题的整体分布情况，对创业支持系统作用于农民创业正规化的机制进行了验证，丰富并深化了针对具体制度问题的创业支持举措的分析方法。

本书通过案例研究，已充分阐释了农民创业跃迁的现象，同时揭示了该现象背后农民创业者跨越非正式与正式市场制度鸿沟的本质。然而，受案例研究方法自身的局限，所得理论框架，即创业支持系统作为泛制度中介助力农民创业跃迁并实现正规化，未能得到普遍性的论证。而不论创业类型跃迁抑或农民创业正规化，均是涉及众多因素的动态过程，且包含众多类型主体的交互，导致一般的静态分析方法无力对此进行分析。现有关于创业支持的研究表明，ABM 仿真方法将创业者与支持者模拟为不同类型的智能体，其交互行为将在系统层面演化并得到充分观察（Backs et al.，2019）。有鉴于此，本书在延续使用该方法的同时，为将基于 Agent 建模仿真引入农民创业跃迁场景中的创业支持研究做出以下创新：（1）将案例分析与计量回归综合到基于智能体的建模当中，为创业支持 ABM 中创业者选择支持者的行为规则提供客观、准确的依据；（2）将与具体创业支持举措相关的经验数据（解决哪类制度问题，提供资源的情况等）用于模型拟合，将各类支持者解决问题的整体分布情况用作模型运行结果的验证。由此得到的仿真结果亦充分验证了本书由案例研究所得的理论框架。

第 2 章
文献综述

现有关于农民创业的研究主要关注农民创业者的群体特征以及创业发展所需的内外部条件等（韦吉飞，2010；张鑫，2015），而本书则着眼于农民创业跃迁中创业支持的作用机制。因此，本章按照"发挥农民创业减贫功效需实现创业跃迁""创业跃迁的实现需要跨越非正式与正式市场间的制度鸿沟""创业支持对跨越制度鸿沟的作用突出"这一基本逻辑关系对相关文献进行梳理，同时反映出本书主要的分析框架。

2.1 农民创业减贫与创业跃迁的研究

2.1.1 创业减贫研究的基本视角与超越生存型创业

创业是经济发展与减贫的核心（Audretsch et al.，2006）。越来越多学者认识到，创业为世界各地的贫困问题提供了一个重要的解决方案（Ahlstrom，2010；Bruton et al.，2013；McCloskey，2010a）。虽然创业减贫的观点并非意味着传统的减贫观点不正确，但研究越来越清楚地表明，仅仅积累更多资本、实施"推进式"基础设施项目或者投资教育而不考虑创业实践及其支持制度的做法不会对减贫产生重大影响（Godfrey，2013；Greif，2007）。创业减贫强调的是贫困群体通过创业提升自我发展能力，在改善自身生活水平的同时创造就业机会并促进当地经济社会发展，最终使本土贫困问题得到根本缓解和消除（莫光辉，2014；Naminse，2016）。总体而言，现有关于创业减贫的研究涵盖了许多主题和视角。本书从以下基本视角对相关的重要文献做了概述。

1. 修补视角

第一个是修补视角。修补观点认为当资源和资本得到直接解决时，创业可以减轻贫困（Sutter et al.，2019）。修补观点的基本假设如下，即贫困是由资源稀缺导致的，譬如缺乏种子资金或其他有形资产（Alvarez and Barney，2014）。因此，通过捐赠、外部援助、小额贷款等提供资源是减贫的关键（Newman et al.，2017）。由此推论，创业若能得到充分的资助，则穷人的创业活动将产生惠及所有参与者的"双赢"结果。这种基于资本和资源的观点得到了一部分支持（Sachs，2003），但也并非没有争议，特别是外部援助，由于资源分配不当和其他政策问题，其影响贫困的能力非常有限（Easterly，2015）。小额贷款和其他资本提供计划对贫困的影响也同样有限（Bruton et al.，2015）。资本积累为经济增长和新创企业提供条件得到了一些文献的支持——尽管大部分是基于演绎的证据（Zanden，2009），但从历史上看，它并没有给一个经济体及其中的企业和创业者带来可持续的优势（McCloskey，2013）。

2. 改革视角

创业减贫的第二个视角不太关注资源和资本投入，而更多地关注制度改革，其中包括非正式与正式制度的变革（Sutter et al.，2019）。改革观点认为，贫困在很大程度上是由制度空洞和其他社会问题导致的，譬如排斥穷人进入正式市场等。根据这一观点，若正式制度得以广泛确立，创业将更有可能得到鼓励和培养（Tomizawa et al.，2020；陈军民，2017）。对创业活动而言，一个良好的制度环境通常有以下三大特征：（1）完善的产权制度，使创业者能够获取资本并且在扩大再生产和人力资本方面进行自主投资；（2）限制政客、社会精英、社会团体对他人创新和收入的非法剥夺行为；（3）鼓励创新和自由竞争（Acemoglu and Robinson，2012）。总体而言，一个富有成效的制度体系鼓励的是创新和创业而非掠夺与零和行为，这就与许多缺乏产权的经济体形成鲜明对比。因此，通过创业减缓贫困是随着制度或社会背景的变化而发生的（Ghani et al.，2014；王博和朱沆，2020）。

3. 社会与困境视角

第三个是社会贫困与困境视角。在这种视角中，困境意味着贫困，因为穷人的困境可能是由各种经济、社会和个人因素造成的，而在此条件下变革将会受到阻碍。最近对贫困的研究发现，困境是减贫的一个关键问题（Si et al.，2015；刘养卉，2019）。通过解决具体困难和消除烦琐限制来帮助穷人摆脱困境的方法被证明是有效的（Lin and Si，2014）。因此，研究人员应该对困境进行更深入的分析，这不仅涉及正式与非正式制度，还有其他可能相互作用导致贫困顽固存在的因素（Si et al.，2015）。此外，社会与困境视角通常还假设市场是减贫的主要驱动力，尽管市场需要进行相关的制度改革，以便更具包容性

（George et al.，2012）。

4. 学习与改变视角

这种视角关注穷人的学习心态和行为变化。从消极到积极的态度和行为转变，特别是向允许试错学习的增长式思维转变，可能是有效减少贫困的关键（Dweck，2008）。鼓励学习、试错创业、允许失败、增强上述活动的社会认可度，能够使贫困群体找到创造新机会的方法，从而帮助其摆脱困境（McCloskey，2010b；陈寒松等，2020）。实践证明，提升企业家或创业者的社会地位并鼓励其从事创业活动，可能会对促进和维持经济增长产生巨大影响（McCloskey，2010a）。在亚洲和非洲经济增长较快的地区进行的实证和案例研究中，观察到穷人的学习和态度—行为从被动状态转变为主动状态的重要性，以及社会进一步重视创业精神的重要性（McCloskey，2016；Hwang and Christensen，2008）。

5. 生存型创业视角

生存型创业，指因贫困且缺乏其他就业选择而被迫从事的创业活动，常被用来区别于机会型创业。有学者对该概念进行拓展，指出生存型创业是在贫困环境下的创业（Fischer，2013）。这种类型的创业通常是一种小微型的、生活与业务兼容的创业方式，很少从直系亲属以外雇佣员工，通常也不会经历太多的成长（Fischer，2013）。生存型创业者通过小额信贷，创建当地企业，提供简单的创新性产品在个人和家庭层面谋求生计。虽然该类创业能够产生一定的收入，却因其有限的可扩展性和增长潜力，通常不具备大幅改善大多数贫困群体生活状况的潜力（Viswanathan et al.，2014）。现实情况中，在贫困的条件限制下，许多受到政府、非营利组织以及个人支持的创业努力仅停留在了生存型创业层面，使得创业活动对当地经济社会的影响甚微（Bruton et al.，2015）。因此，这种对基本需求的关注导致低估了创业在贫困环境中真正能取得的成效（Bruton et al.，2015）。

考虑到生存型创业的减贫效果不佳，学者们开始讨论如何能够超越生存型创业，使创业减贫的效果得到充分发挥。创业者需要做的不仅仅是组建一家企业、谋求生计和偿还贷款。当创业者能够聚集资本，雇佣员工并提供创新的产品和服务时，创业的影响将随之扩大（Ahlstrom，2010；Hart and Christensen，2002）。因此，研究需要集中在如何鼓励愿意承担风险的人创业，以创建雇佣他人的企业。例如，在非洲一个创业促进项目中，创业投资基金提供比通常小额贷款更充足的资本，以便创造出能够雇佣他人并真正具有发展潜力的企业（Khavul et al.，2009）。类似地，拉美地区的创业研究也显示，初创企业成功的关键因素之一是在家庭之外雇佣员工（Bruton et al.，2011）。只有建立起具有增长潜力的新企业并促进"实质性"创业的开展，才能真正意义上缓解并最终消除贫困（Ahlstrom，2010）。

总之，创业作为减贫的重要途径之一已经得到广泛认同。而当前需要重点研究的主题是如何超越生存型创业并鼓励更具成效的创业形式，使得创业减贫的作用得到充分发挥。

2.1.2 生存型农民创业与机会型农业创业

普勒格（Ploeg，2008）概括了三种典型的农业作业模式：农民、企业化和资本主义模式，并指出在发展中国家以农民模式最为普遍。珀蒂等（Petit et al.，2018）分别从实践与逻辑两个层面对该模式做了进一步的阐述：农民的实践基于与市场经济的松散联系，这种联系体现在劳动力（主要是家庭成员）、投入的使用（天然肥料、自产种子）和金融（极少有正式贷款，主要是非正式借贷）等方面。农民逻辑的特点是以自给农业或获得舒适为目标的生产模式。农业生产的附加值主要用于提供家庭开支，而非投入业务发展（租赁土地或采纳技术）。由此，该模式以家庭为生产组织形式。珀蒂等（2018）进而指出该模式与生存型农民创业的内涵最为相符。

农民创业，指农民以家庭为依托，在农业及相关涉农行业中，利用自身的资源要素，通过扩大现有生产规模或从事新的生产经营活动以达到可持续生计并进一步谋求发展（Si et al.，2015）。兰格万等（2012）指出，新兴市场中大部分的农民创业活动属于生存型创业，且主要发生在非正式市场。杨婵等（2017）基于2016年"中国千村调查"的数据得出结论，我国农民创业大多数仍属于生存型创业。研究表明，当农民创业处于维持生计的简单循环时，对当地经济社会的影响甚微（周青华，2012；郭军盈，2006）。因此，学者们开始从农业本身的经济潜力出发，结合农业产业特性对农民的新型农业创业模式展开探索。例如，有学者通过对卢旺达特种咖啡业的案例研究探讨了该国农业领域的创新创业发展，并强调了政府和非政府组织在促进发展中的作用（Antonites and Haguma，2011）。再如，在非洲新绿色革命的"典型代表"肯尼亚，众多公私合作通过日益壮大的农产品经销商网络促进了农业创新和农村创业，向该国农民提供了良种及现代耕作技术（Odame and Muange，2011）。有学者指出，农民不仅是传统或本土耕作方式的代表，还可以作为现代创业者开展生态型农业创业，在其身上体现出多功能兼容性特点，这为新型农业创业提供了一种分析框架（Niska et al.，2012）。上述研究共同表明，伴随农业产业革命的兴起，农民将致力于生态、高效、科技的现代农业领域的创业活动，即农业创业（危旭芳和罗必良，2014）。

关于农业创业的概念，学术界尚未得出被普遍接受的定义，原因如下：首先，创业概念本身就具有情境化特点，不存在固定的定义（林强等，2001）；其次，在相关文献中，"创业者"一词就经常与企业家、个体经营者或农民交换使用，从而混淆了身份（社会地位）和角色（特定地位的行为）（McClelland，1961）。从这个角度看，农学文献多提供的是关于农业创业者身份的操作性定义，而对农业创业的概念乏善可陈。鉴于此，兰斯等（Lans et al.，2017）从识别、评估和利用机会的角度对定义农业创业提出三个论点。

（1）不应将农业创业的研究局限于特定的情况，例如新创企业（即承认现存的农业创业企业）。

（2）学习和发展是农业创业的核心：一部分农民利用了创业机会，另一部分则相反。原因并非是缺乏某些个性特质，而是因为缺乏特定的能力和经验。

（3）创业者所处的社会环境对农业创业的重要性：机会开发中的核心过程——诠释、理解和创造都不是孤立发生的，将受到农民的家庭、社会网络以及创业网络中成员行为的影响。

总之，注重发现和寻求机会是农业创业的核心，由此强调了创业活动的创造性、警觉性、主动性和网络化。这使得研究人员能够将注意力从"谁是创业者"这个问题转移到"创业者做什么"这个问题上来（Gartner，1988），从而避免了陷入定义"真正创业者"的概念沼泽。综合俞宁（2013）、兰斯等（2017）提出的概念以及本书的研究主题，现将农业创业界定如下：农民在农业及相关涉农行业中，整合各项资源，创建社会化生产或经营组织，开发并利用商业机会以实现经济效益和社会价值。

2000 年以来，由于经济自由化、对农业市场保护的减少以及社会结构的变化，从业者愈发需要适应变幻莫测的市场。消费习惯的改变、环境监管的加强以及产品质量、经营方式、食品安全等新的情况都对农业企业提出新的要求。除了良好的管理和技术，农民越来越需要通过机会型农业创业实现发展，以在未来保持可持续性（Mcelwee，2008；Pyysiainen et al.，2006；杨学儒和李新春，2013）。最近的研究表明，农业创业并非是概念炒作，它对企业的发展甚至对现代农业产业的建立都有着深远的影响（Lans et al.，2017；刘伟等，2018）。然而，生存型的农民创业和机会型的农业创业是两种性质完全不同的创业活动，农民创业者是否可能以及怎样实现创业跃迁尚未得到充分研究。

2.1.3　农民创业跃迁与实施障碍

生存型创业指因贫困且缺乏其他就业选择而被迫从事的创业活动；机会型创业是为了捕获商业机会而主动开展的创业活动（Neck et al.，2003）。直观上讲，该划分方法有一定的说服力，为世界上贫穷国家的创业比率高于富裕国家提供了一个整体性的解释。然而，这种以初始动机为标准的创业类型二分法并非没有缺点，一些研究已经对此展开了批评（Rosa et al.，2008；Williams，2009；Williams and Williams，2014）。学者们指出的一个缺陷是，二分法将"几乎所有创业个体"分为生存型和机会型这两个完全独立的类别（Williams，2009；Rosa et al.，2008）。两种类型的区别意味着人们或被视为"自愿创业者"，即创业行为源自主动选择，强调主体性作用；或被视为"非自愿创业者"，即个体被迫开展创业行为，强调结构性力量。这种二分法忽略了推动和拉动因素共存的可能性，并且忽略了结构性和主体性力量的互补作用（Gurtoo and Williams，2009）。

另外，有学者把创业动机和创业发展愿望联系起来对二分法提出质疑（Hessels et al.，2008）。此类研究最初的假设是生存型创业者很大程度上不存在创业发展愿望（Olomi，2009）。因为这两种创业类型之间被认为存在严格的差别：一方面是发生在传统或非正式市场的"生存型"或"维持型"创业；另一方面是发生在现代或正式市场的"机会型"或"成长型"创业（Naudé，2011；Gries and Naudé，2010；Desai and Naudé，2011）。因为有关生存型创业的文献假设其创业行为是环境倒逼的结果，所以认为生存型创业者对其经营的业务有强烈的发展愿望有些反直觉。但是，来自发展中国家和新兴国家的研究结果均表明生存型创业者存在不同程度的创业发展愿望，且该愿望随业务扩张而逐渐凸显（Eijdenberg，2016；Eijdenberg et al.，2015）。

变革型创业理论的提出，突破了生存型与机会型创业泾渭分明的界限，开始研究生存型向机会型创业的转变问题（Schoar，2010；李爱国和曾庆，2017）。有学者对英国城市贫民创业动机的研究表明，创业者的初始动机是生存与发展的混合，并随着业务扩张逐渐向发展的动机倾斜（Williams and Williams，2014）。兰格万等（2012）对新兴经济体中生存型创业者缺乏发展愿望的观点提出质疑，认为创业动机和愿望将随社会经济环境、社会网络、家庭关系的变化而变化。通过对比 GEM2002 与 2006 年中国地区报告发现，机会型创业比重从 40% 上升至 59.2%，而生存型创业比重从 60% 下降至 38.7%，表明中国的主导创业类型已经开始由生存型向机会型创业转变（Chi and Liang，2008）。然而，现有变革型创业的研究多是从宏观层面讨论创业类型转变所需的外部条件，缺乏从个体层面对创业类型跃迁过程的动态描述。

具体到农民创业跃迁，即从生存型农民创业到机会型农业创业的研究目前较少。现有文献主要讨论的是农民创业动机不同及其对创业绩效的影响。孙红霞等（2013）研究了自我效能感与创业资源分别对农民生存型和机会型创业动机的影响。董静和赵策（2019）从家庭经济支持和情感支持出发，研究了家庭对农民选择生存型或机会型创业的影响。朱红根和梁曦（2017）证实了机会型创业动机的农民比生存型创业动机的农民绩效更佳。上述研究均未阐明农民创业者的动机因何改变，也无法提供对创业类型跃迁的解释。

另外，对农民创业跃迁的实施障碍，现有研究主要从资源缺乏的角度给予关注（罗明忠，2012；翁辰和张兵，2015）。相比生存型创业，机会型创业对创业者的人力、财务和社会网络资源要求更高（蔡莉等，2008）。非正式经济中的贫困农民不仅缺乏资本而且缺乏能力，因此被正式市场所排斥，难以进入机会型市场谋求发展（Ansari et al.，2012）。张妮娅（2017）指出，贫困地区创业者的创业资本是一个综合性的概念，只有社会、人力、心理、金融、技术等资本要素皆具备，才能够对创业者的创业意愿、创业动机产生有利的影响，提升创业绩效，真正实现创业扶贫。不仅如此，萨克斯顿等（2016）的创业支持行为理论认为，创业支持行为给创业者提供了不可或缺的创业资源，帮助创业者取得成功。除了缺乏资源外，农民创业跃迁的实施障碍至少还包括以下两个方面的内容。

1. "模糊风险厌恶"的行为特征

生存理性原则是农户衡量各项经济活动的基本原则（Scott，1977）。换言之，农民主要关心的不是一项经济活动的预期收益，而是这项经济活动的预期风险，以及风险发生后能否保证其家庭生活的基本需求。有学者基于生存理性理论，指出贫困环境中的农民在开展创业活动时"模糊风险厌恶"（ambiguity aversion）的行为特征突出（Ahsanuzzaman，2015）。"模糊风险厌恶"是个体对不确定性态度的一种，具体表现为对未知风险的厌恶程度高于已知风险。农民创业者之所以普遍厌恶不确定性，是因为当不确定中的未知风险出现时，由于自身的贫困，他们往往无力承担该结果带来的损失。此种行为特征导致农民创业者高估创业失败的概率，并重视规避负面结果，致使其倾向于保持原有的创业类型（Cacciotti et al.，2016）。向机会型农业创业跃迁必然伴随新技术的采纳与生产经营方式的一系列变革，其中蕴含着相应的不确定性。"模糊风险厌恶"的农民创业者因关注潜在失败的损失，即便识别出新的创业机会也会望而却步，直接导致了实施创业跃迁的一大心理障碍（陈波，2009；王勇，2017）。

2. 非正式制度与正式制度的冲突

通常情况下，生存型创业发生在传统或非正式市场，机会型创业发生在现代或正式市场（Naudé，2011）。当农民创业者从生存型农民创业向机会型农业创业跃迁时，以市场为导向的正式制度逻辑将挤压非正式制度的作用空间，二者就可能产生冲突（Kim et al.，2010）。理论上说，创业者所处领域的制度逻辑如果发生混乱，将造成相互矛盾的外部期望，这会直接增加创业者所需面临的制度合规成本和交易成本，其面对的不确定性就会随之增加（张汝立等，2020）。实际上，创业类型跃迁意味着"市场规则"将取代"关系规则"成为合同签订和履行的合法性基础，但由于行动者的惯性"关系规则"并不会立即退出，在两种规则相互冲突的情况下，创业者将在一定时期内陷入对合同签订和执行的困惑，这就带来了更高的交易成本（Pejovich，2003；朋文欢和黄祖辉，2017）。由此反映出，非正式与正式制度的冲突造成了不确定性迅速增加，使得本就厌恶不确定性的农民创业者最终选择不实施跃迁行动（Bylund and McCaffrey，2017）。

综上所述，农民创业跃迁的现象虽然存在但并不普遍，原因在于实现过程中的诸多阻碍。除了被广泛研究的创业者资源稀缺因素外，创业类型跃迁背后的制度因素尚未被充分挖掘。下节将从制度视角对相关文献展开述评。

2.2 农民创业在不同制度领域——非正式与正式市场的研究

2.2.1 农民创业的非正式性

布鲁顿等（2015）对亚洲地区的贫困问题研究后发现，非正式性与贫困交织在一起，对二者进行共同考察将有益于从一个领域获得对另一个领域的洞见。大多数贫困群体的创业活动都是非正式的，而主导发展中国家和新兴国家企业非正式性的关键因素就是创业者的贫困（Young et al.，2011）。在发展中国家，创业者需要管理的一项关键制度参数就是非正式性（De Soto，1989）。非正式企业向市场提供产品和服务但不向政府注册，在逃避税收或监管的同时也限制了自身的发展（Webb et al.，2013）。但是把非正式业务等同于黑色或灰色经济活动的观点可能过于狭隘（Webb et al.，2009）。在新兴国家，非正式经济活动是广泛存在的。例如，印度的非正式企业从事90%的经济活动，雇佣90%的劳动人口（Iyer et al.，2013）。因此，有必要对创业活动的非正式性进行考察，以获得对非正式性与创业减贫如何相互作用的全面理解。

关于创业活动的非正式性，本书从拉波塔和施莱费尔（La Porta and Shleifer，2014）对非正式经济的五大事实描述中获得洞见。

（1）非正式经济体量大，尤其是在发展中国家。生存型农民创业就属于典型的非正式经济活动。

（2）与正式经济相比，它的生产率极低：非正式企业通常规模小、效率低，并由受教育程度低的创业者经营。管理者的人力资本成为正式企业和非正式企业最显著的区别之一。

（3）尽管逃避税收和监管是其成为非正式的一个重要原因，但真正原因在于非正式企业低下的生产效率不足以支撑其在正式市场中获得发展。因此，降低注册成本既不会使太多非正式企业进入正式市场，也不会带来明显的经济增长。

（4）非正式经济在很大程度上与正式经济脱节。非正式企业通常会持续存在数年甚至数十年，没有太大的增长或改善。非正式市场中的创业者向正式市场跃迁的概率较低，即使存在补贴也很难诱使他们正规化。

（5）非正式企业能够满足其所有者与员工的生存需求，但也仅止于此。随着国家的经济增长和全面发展，非正式经济逐渐萎缩，而正式经济主导经济发展将成为总体趋势。

上述事实虽有利于充分理解创业活动的非正式性，然而采用非正式或正式经济的概念讨论其中的创业活动仍过于抽象。因此本书采纳伦敦等（London et al.，2014）的建议，用非正式与正式市场的概念替代非正式与正式经济，作为两种不同制度的载体。根据定义，非正式市场指交易主要受规范、价值和传统指导而不是受正式规则和法律指导的市场（London et al.，2014）；反之，则是正式市场。接下来以上述概念为基础讨论农民创业的正规化问题。

2.2.2　非正式与正式市场以及创业者的正规化

非正式市场包含发生在正式规则和基础设施之外，但在非正式认识、观念与行为规范之中的经济活动（Webb et al.，2009）。发展中国家的非正式市场普遍存在（Godfrey，2011），在非正式市场环境下正式法律法规的执行力较低。相反，该市场环境中共同的认识、观念和规范在建立期望、促进交易、定义激励与约束甚至在基础制度（借贷和保险等）的本土化安排上起到替代作用（Webb et al.，2013）。非正式的认知、观念和规范为高度贫困和不确定的市场环境提供了一定程度的稳定性。例如，基于亲属关系的制度安排可以促进资源共享，而社会习俗通常要求为有需要的人提供帮助（叶文平等，2018；王扬眉，2019），但若缺乏支持市场发展所需的正式法规和基础设施，此类认识、观念和规范仅能支撑生存型创业却对机会型创业的作用有限（Rakowski，1994）。

新兴国家城市地区相对发达，正式市场为经济发展提供有力的支撑；农村地区依然落后，非正式市场的特征突出（Kistruck et al.，2015）。在此二元结构的制度环境中，非正式与正式市场相比有着截然不同的运作方式。虽然非正式认识、观念和规范可以维系生产要素供给，但有限的正规教育机会和短缺的公共设施往往导致低效的劳动密集型运作。此外，缺乏产权和法律保护导致参与主体不愿涉足生产性资产投资并偏好小额现货的交易方式。综上，非正式市场的创业活动往往具有明显的非标准作业、生产效率低、产出质量较差等特点。相反，正式市场则受益于较高的稳定程度和标准化水平，促进了更广泛参与者的经济交换。另外，正式制度通过法律、合同、教育系统和明确的执行标准等机制为经济活动提供了一个保障产出质量标准与获取规模经济效益的支撑性框架。

由此，创业者的正规化问题（即创业者如何从非正式市场跃迁到正式市场）吸引了学术界的广泛关注。BOP 战略主张将非正式市场中的创业者（包括农民创业者）直接嵌入以西方跨国企业为主导的正式市场（Kistruck et al.，2011；邢小强等，2011；全允桓，2010）。该战略因忽视了新兴国家两大市场间的制度差距致使实施效果不佳（Kistruck et al.，2015）。而对新兴国家农民创业的研究表明，创业者通过正规化在实现自身发展的同时为当地社区创造出更大的社会经济效益（Yessoufou et al.，2018；刘伟等，2018）。考虑到正规化与创业发展之间的预期关系，理解非正式创业者为何以及如何正规化已成为重要学术论题（De Castro et al.，2014；Kistruck et al.，2015）。与制度经济学视角相符，正规化的研究大体将该行动视为基于成本收益分析后的结果。相关结论表明，正规化不仅受到注册费用、税收、服从监管的成本、获取正式市场供应商或金融机构给予的有利条件以及行业执法环境的影响（Siqueira et al.，2016；Webb et al.，2013），还受到社会网络对非正式制度的维护与针对正式企业犯罪活动的影响（De Castro et al.，2014；Kistruck et al.，2015）。

在基础设施薄弱且执法相对不力的非正式市场，遵循法规为创业者带来的收益极为有限。新兴国家情境下的正规化不仅要考虑为创业者提供基础设施并使其遵循法规，还应考虑如何改变生产经营方式使其以高标准的产品质量与数量参与成熟市场。创业者实施正规化时，显然面临来自不同市场的制度压力。随着制度环境改变，受其影响的个体将面临社会可接受行为和结果的变更（Ruef and Scott，1998）。当现有制度被深嵌其中的个体所认同，制度环境改变对其意味着极大的不确定性（Scott，2013）。组织制度理论强调，即使新制度安排中包含理性的经济激励，个体在面对正规化的制度不确定性时依然会产生抵触（Beckert，1999）。由此，新兴国家创业者实施正规化所遭遇的来自不同制度体系间的矛盾冲突已成为关注的焦点。

2.2.3 制度空洞、制度中介与泛制度中介

梅尔等（2012）指出非正式市场的症结在于"制度空洞"（institutional void），即发展中国家普遍存在的正式经济制度缺失。进而表明，需要依靠制度中介支持基础设施建设与商业开发活动以填补缺失，并描述了 BRAC 充当中介在孟加拉国进行包容性市场建设的过程。此后，诸多研究均围绕特定组织（通常为 NGO）实施的活动展开，以探究其作为制度中介对克服制度空洞、促进市场发展及制度建设的有效性。史密斯等（Smith et al.，2016）将此类组织的行为范式概括为"提出制度原型—推广制度原型—制度原型正式化"，强调在制度空洞范围广、程度深的发展中国家，这种范式是有效的。有研究者认为新兴国家的制度空洞是一种结构性缺失，缺失的范围与程度低于发展中国家，但高于发达国家（Gao et al.，2017）。进一步地，麦克亚当等（McAdam et al.，2018）论证了新兴国家非正式市场的结构性制度空洞（如图 2-1 所示）。同时指出，新兴国家农村非正式市场的结构性制度空洞特征最为明显，正式经济制度缺失的部分随创业者所处情境变化而变化。达特等（2016）提出开放系统中介（open system intermediaries）能够为包括创业者在内的各方主体创造价值，在应对新兴国家制度空洞时更具优势。通过提供市场基础设施（场地、设备、资金等）与商业能力培养（咨询、培训等）两类服务，孵化器不仅助力被孵企业发展，还促进了市场的整体开发。

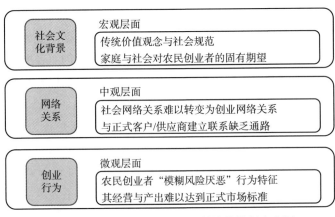

图 2 - 1　新兴国家非正式市场的结构性制度空洞

资料来源：Mcadam M，Crowley C，Harrison R T. 2018. To boldly go where no ［man］ has gone before：institutional voids and the development of women's digital entrepreneurship ［J］. Technological Forecasting and Social Change，146：912 - 922.

朱利迪克等（2018）在充分肯定以开放系统中介应对结构性制度空洞的同时，指出了不足之处。首先，与企业集团等强调内部收益的制度中介相比，开放系统中介虽从收益共享的角度打破了封闭，却未体现出系统参与主体的开放性。换言之，达特等（2016）仍是以单一孵化器组织作为制度中介展开论述，开放系统中缺乏其他主体参与。其次，在结构性制度空洞情况下，应提供去中心化的支持以促进更加独立的创业发展。最后，应当引入多元化的外部资源以培养新创企业的动态能力。就主体开放性而言，丁孝智和季六祥（2008）认为连接在小生产与大市场之间，包括专业服务公司、社会团体和政府在内的任何组织或个人，实际结成一个有效的"泛中介"服务网络。季六祥（2009）提出的基于"个体农户—泛中介—品牌市场"的产业组织网络模式，能够支持资源整合与协同增值。因此，本书借鉴朱利迪克等（2018）提供的思路对达特等（2016）的开放系统中介进行修正，在农民创业正规化过程中引入由私人、学术、政府、NGO 等创业支持者及其支持举措构成的"泛中介"创业支持系统。根据定义，不以特定经济回报为目的支持创业者或初创企业的创业支持者天然可以充当制度中介角色。然而，目前尚缺乏将创业支持者及其支持举措有机联系并阐明其"泛中介"作用机制的系统性解释。

2.2.4　制度创业解读"泛中介"创业支持系统对正规化的作用

为了更好地理解"泛中介"创业支持系统对促进正规化的作用，本书借鉴了现有制度创业领域的研究。创业支持者属于制度创业者的类型之一（Saxton et al.，2016），该类主体能够为跨越制度边界的创业者提供资源和服务（Mair et al.，2012）。在探究制度创业者如何促进变革时，研究人员发现了各种举措（Fligstein，1997；Pacheco et al.，2010）。近期，学者们开始将这些举措整合到以制度创业者创造愿景、动员支持并最终变革制度为核心的过程之中（Greenwood et al.，2002；Battilana et al.，2009；苏郁锋等，2017）。创造愿景指为受制度变革影响的个体创建新制度安排的合理性预期（Battilana et al.，2009；Greenwood et al.，2002）。这种预期定义了制度领域内或跨制度领域中出现变革的机会（Greenwood and Suddaby，2006；Battilana et al.，2009）。创造愿景在总结先前变革失败经验的同时提出潜在的抽象解决方案，使变革得到更充分的理解（Greenwood et al.，2002）。然而，该愿景仍然属于不确定的解决方案，嵌入原制度中的参与者对自身状态恶化的顾虑将导致解决方案遭遇阻力。所以除创造愿景之外，制度创业者还需通过调动支持来建立集体行动，并利用其所拥有的资源促进变革（Fligstein，1997；Suddaby and Greenwood，2005）。

总之，制度创业为理解创业支持系统如何促进正规化提供了重要基础（陈嘉文和姚小涛，2015）。虽然制度创业的研究往往侧重于制度变革的具体做法或实施步骤，但在农民创业正规化情境中正式市场对制度变革目标已有预设要求（Waldron et al.，2015），就制度的最终性质而言可变更余地小。所以，"泛中介"创业支持系统的真正作用在于帮助农民创业者适应新制度领域的要求（Greenwood et al.，2002）。如此，创业支持系统需定位于助力农民创业者实现正规化的整个过程。该过程中的变化不仅涉及认识、观念与行为规范，而且包括推行规则与基础建设，使非正式创业者能够与正式市场建立联系并达到所要求的标准。此外，非正式市场的创业者普遍因贫困导致自身脆弱性而不愿尝试新的制度安排。因此，需要对农民创业正规化做过程描述，在此基础上剖析创业支持系统如何助力农民创业者实现正规化。

2.3　创业支持行为理论及相关概念辨析

2.3.1　创业支持概述与农业创业支持

现有关于创业支持的研究大多建立在汉隆和桑德斯（Hanlon and Saunders，

2007）所提供定义的基础之上，即创业支持指"个人或组织向创业者提供有价值的资源，进行有组织的活动以促进即将创建公司的成立，提高其生存机会或促进其长期发展"。进一步的，汉隆和桑德斯（2007）将创业支持按支持来源和支持类型进行分解：支持来源定义了谁提供特定的资源（即个人或组织）；支持类型定义了提供给创业者的具体资源。本部分首先基于7种不同创业支持来源（政府、创业项目、商业孵化器、风险/天使投资者、大学、科技园、环境）梳理现有研究，再对每一种所提供的支持类型、相关的研究发现以及文献中的管理启示进行概述。

（1）政府支持是指对有关政策和法规的讨论，旨在支持处于创业前期、初创期以及创业早期阶段的企业，目的是鼓励更多人创办新企业（Stevenson，2005）。创业政策的目标从促进新企业创建到支持公司间联盟与合作不等，它可以采取援建基础设施或投资新创企业的形式（Audretsch et al.，2015）。理论假设认为基础设施为新企业创造了公共知识储备和可用的熟练劳动力，这些能够增强其绩效表现（Gulati et al.，2000）。然而，实证研究发现，高税收和政府干预的结合实际上可能会放大创业的经济影响（Bjornskov and Foss，2013）。有学者继而指出，高效创业多取决于知识溢出和资本可用性而非监管环境的类型，因此资本市场和有利于知识溢出的相关政策应当到位（Stenholm et al.，2013）。最后，有研究发现，解决经济和社会因素的政策似乎能够促进更具生产力和可持续性的创业成果（Hall et al.，2012）。

（2）创业项目涵盖了帮助创业者发展业务的多项计划性投入，其中包括基于技术的创业支持和一般性创业支持、建立区域网络、促进技术转移或提供贷款担保等（Theodorakopoulos et al.，2012）。创业支持项目主要以提供商业培训作为主要的支持类型，其对新创企业增长、销售和生存的影响取决于公司规模、培训性质以及创业者的年龄（Solomon et al.，2013）。因此，商业培训和学习必须针对每个创业者和初创企业进行定制（Sternberg，2014）。相关研究显示，公共资助的商业咨询项目服务与新创企业生存和增长之间存在正相关关系（Solomon et al.，2013）。其他研究结果也显示，支持项目鼓励了人们对于企业所有权的追求（Parker and Belghitar，2006）。

（3）商业孵化器通过提供办公空间、商业援助和网络接入来支持入孵企业，试图降低初创企业的失败几率（Hackett and Dilts，2004）。部分研究集中在商业孵化器的类型上：有学者提出了基于竞争范围和战略目标的孵化器分类方法（Carayannis and Von Zedtwitz，2005）；也有研究根据孵化器提供服务的组合确定了三代不同的孵化器（Bruneel et al.，2012）。商业培训和学习是与商业孵化相关的主要支持类型。而入孵企业选择标准、商业培训和学习以及资金匹配都会影响商业孵化的结果（Bruneel et al.，2012）。有学者亦指出入孵企业的生存取决于可用资源的匹配和孵化器的位置（Amezcua et al.，2013）。此外，商业孵化器比其他支持来源更能鼓励外部企业和创业者之间建立联系与合作（刘伟等，2014）。

（4）风险投资者与天使投资者主要提供资金类型的创业支持。风险投资指在公司发展初期进行投资，以换取公司股权（Hellmann and Puri，2002）。投资范围从种子、启动和早期投资（Del-Palacio et al.，2012）到对初创企业的更大投资（Baum and Silverman，2004）。风投支持的初创企业接受密集的辅导，作为开拓增长前景以及最大化投资者回报的手段（Hellmann and Puri，2002）。实证结果显示，风险投资支持的企业绩效表现更佳，有更多的生存机会，可能经历更高的销售增长并获取更多利润（Grilli and Murtinu，2014）。天使投资是创业者非正式的资本来源。有学者发现天使资本倾向追随本地新创企业，并建议应当创造激励机制，减少天使投资的阻碍（Avdeitchikova，2009）。相比风险投资，对天使投资在创业过程中所扮演角色的了解仍然非常有限（Ratinho et al.，2020）。

（5）大学的创业支持主要通过技术商业化和广泛的商业支持项目来实现。研究表明，基于大学的创业教育需要多层次的干预，其成功取决于有针对性的政府政策以及大学自身的实践（Jacob et al.，2003）。而相对肯定的是，大学拥有从商业发展援助到研究中心合作研发等若干种技术转移机制（Perkmann et al.，2013）。具有选择性且提供基于技术支持的大学往往会克服基础设施薄弱和缺乏创业文化等不足，这将会促进本地创业活动的开展（Degroof and Roberts，2004）。此外，学术衍生企业的创建取决于每所大学的业务发展能力，其中TTOs①的专业化是造就衍生企业的决定性因素（Astebro et al.，2012）。

（6）科技园是以资产为基础的管理组织，其重点是通过知识强化和资源共享来支持企业（Phan et al.，2005）。科技园的建立是为了集中研究组织和创新企业（Amirahmadi and Saff，1993），商业培训和学习是科技园提供的主要支持类型。科技园有不同的毕业标准和考核策略来管理园区企业的创新过程（Durao et al.，2005）。另外，科技园内的企业比园区外的企业更有可能与当地大学联系在一起（Löfsten and Lindelöf，2002）。相关研究已证实，园区企业相比非园区企业的绩效水平更高（Armanios et al.，2016）。因此有必要将科技园

---

① TTOs：Technology Transfer Offices，技术转移办公室。

纳入区域创业政策。

（7）环境这一类别中包括没有明确提到支持来源的研究，而是将创业支持概念化为制度、结构因素和区域条件的混合体（Hanlon and Saunders，2007）。从经验来看，没有通用的方法或数据集来研究环境如何支持创业。相关研究选择对环境进行部分操作化，以调查特定网络对资源获取、创新过程、技术转移、本土技术商业化或创业动机的影响（Wonglimpiyarat，2010；李颖等，2018）。在此基础上，有学者采用生态系统的比喻表明榜样和领导力等无形资源是生态系统的重要组成部分，也是创业者所获支持中的重要部分（Clarysse et al.，2014）。因此，创业者应该在生态系统中寻求非特定的支持，并了解其所在生态系统可能存在的限制。

上述内容表明，创业支持成为一个总括术语，可用来描述从政府监管和法律框架到风险投资等多种努力。然而，遵循创业研究的新进展（Garud et al.，2014），关于创业支持的研究应该充分考虑研究背景。具体到本书，重点考察农业创业中的创业支持。传统上，农业部门的问题解决和创新得到推广服务的支持。此类推广服务往往以供应推动为导向，并在创新的线性范式中发挥作用（农业研究的创新成果通过推广服务统一传播给农民），"一刀切"的方式忽略了农业创业的异质性（Van Der Ploeg，1994）。由于农业市场和农业部门不断变化的结构，一刀切的创新和创业支持模式已经变得不充分。加之应用农业研究所和农业推广服务的私有化，引发了农业创新和创业支持的重大变化。当前，农民需要一个多元化的顾问系统提供服务（包括专业顾问和一般顾问，咨询内容包括种子与肥料等农资投入以及一般的商业、管理和创业技能等）（Klerkx and Jansen，2010）。由此，农业"创新中心"或"业务支持中心"应运而生，帮助农民阐明其创业战略及其创业支持需求，并寻找合适的支持提供者与之匹配（Klerkx and Leeuwis，2009）。而在某些情况下，为支持创业而提供一套互补的技术咨询网络是自发形成的（Klerkx and Proctor，2013；蒋剑勇，2014）。此外，促进农民之间建立非正式网络、分享经验和相互学习的支持举措已经出现。其中一些举措旨在激发创业者学习，鼓励农民关注作物、畜禽管理之外的其他主题。例如，由成功的农业创业者开设课程传授经验，鼓励合适的人才开展新型农业创业（张静等，2020）。由于许多支持举措都是新近提出的，因此需要对其形式、重点以及对农业创业的影响等问题进行深入研究。

综上，以汉隆和桑德斯（2007）为代表的，将创业支持按支持来源和类型分解的一般性研究结论尚无法对农业创业中的创业支持提供深入的解释。鉴于此，本书基于萨克斯顿等（2016）的创业支持行为理论，并进一步丰富创业支持举措、创业支持系统等相关概念，以期对农民创业跃迁中出现的创业支持做出解读。

2.3.2 创业支持、创业支持行为与创业支持举措概念辨析

在详细介绍创业支持行为理论（venture advocate behaviors theory）之前，有必要将汉隆和桑德斯（2007）所提出的创业支持概念与创业支持行为、创业支持举措等概念进行辨析，在准确定义相关概念的同时增强行文严谨性（见表 2 - 1）。

表 2 - 1　　　　　　创业支持行为等相关概念辨析

概念	创业支持	创业支持行为	创业支持举措
核心参考文献	汉隆和桑德斯（2007）	萨克斯顿等（2016）	拉蒂霍等（2020）
定义	个人或组织向创业者提供有价值的资源，进行有组织的活动以促进新公司的成立，提高其生存机会或促进其长期发展	不以特定经济回报为目的的对创业者或初创企业的支持行为	创业支持者为帮助创业者解决创业发展困难而采取的不以特定经济回报为目的的行动
理论基础	无	社会交换理论	社会交换理论
来源	政府、创业项目、商业孵化器、风险/天使投资者、大学、科技园、环境	创业支持者	创业支持者
类型	政策和法规、资金、商业培训和学习、商业支持项目等	产品/服务、人力、财务三大类	在所研究的范畴中进行具体划分（在本书农民创业正规化的制度研究范畴中，将其划为个体、网络、系统三个层面）
特征	多是出于实际考虑而忽略了理论框架的使用	虽有理论基础，但仍属于构建新理论框架的抽象概念	具有理论基础，且丰富了抽象概念，明确了目标导向（本书针对三个层面的制度问题）

资料来源：根据汉隆和桑德斯（2007）、萨克斯顿等（2016）、拉蒂霍等（2020）等相关资料整理。

有影响力的研究需要清晰的理论见解来启发和支撑。值得注意的是，以汉

隆和桑德斯（2007）为代表的一般性创业支持的研究多是出于实际考虑而忽略了理论框架的使用。因此本书采纳并拓展基于社会交换理论的创业支持行为理论，对农民创业跃迁中的创业支持做出系统性解释。

社会交换理论强调个体因频繁互动导致对所处社区或组织产生较强的依赖性。加之不确定性的存在，使得交换中的义务或"回报"通常是待定或不明确的（Cropanzano and Mitchell，2005）。遵循社会交换理论的传统，萨克斯顿等（2016）将行为作为研究对象，并对创业支持行为做出明确定义：不以特定经济回报为目的的对创业者或初创企业的支持行为。自然，创业支持者是该行为的实施者，即不以特定经济回报为目的支持创业者或初创企业的个人或组织。在萨克斯顿等的模型（如图2-2所示）中包含了社会交换的三要素：行为，行为人本身和行为动机。接下来本书将结合农民创业的情境阐明创业支持行为的动机。

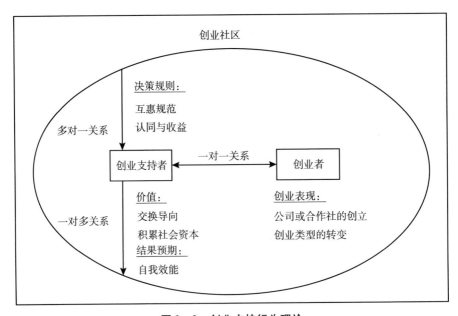

图2-2 创业支持行为理论

资料来源：Saxton T，Wesley C L，Saxton M K. 2016. Venture advocate behaviors and the emerging enterprise [J]. Strategic Entrepreneurship Journal，10（1）：107-125.

首先，个体若存在强交换导向和获取社会资本的动机，则更有可能从事创业支持行为。潘安成和李鹏飞（2014）认为，在崇尚互惠的中国情理文化中，农村创业社区中的个体一般拥有较强的交换导向，并通过提供支持行为积累自身的社会资本。其次，创业支持者的自我效能感会使其有意愿参与创业支持行为。当创业社区的成员相信自身的能力或专业知识能够产生影响时，很可能会作为创业支持者与创业者接触并提供支持。再次，创业社区中的互惠行为规范将影响创业支持行为的发生。农民创业过程中各参与主体的地缘关系以及由"乡情"产生的社区成员开放式联系将促使互惠行为的发生（潘安成和李鹏飞，2014）。开放式的社会交换以抽象价值解决个体的社会和尊重需要，加深了创业社区成员的社会情感收益。个体得到创业社区成员的认同并获取社会情感收益后，基于回报精神，这些潜在的创业支持者更有可能从事支持行为。

拉蒂霍等（2020）在充分肯定创业支持行为理论基础的同时，指出了不足之处：将创业支持行为按其提供的资源划分为产品/服务、人力、财务三大类的做法可能过于简化，且容易模糊创业支持及其结果之间的关系。拉蒂霍等（2020）由此明确提出创业支持举措的概念，即创业支持者为帮助创业者解决创业发展困难而采取的、不以特定经济回报为目的的行动。除了所采取的形式更加多样之外，创业支持举措强调了创业支持的作用方式与结果。

承认创业活动的复杂性和多样性（Welter et al.，2017）是进一步理解创业支持现象及其结果的一种方法。创业支持应当反映出创业活动的复杂性。拉蒂霍等（2020）指出，现实中某项具体的创业支持举措针对具体问题为创业者提供多种类型的资源，包括产品/服务、人力、财务资源等。譬如，对创业者进行技能培训固然提供了人力资源的支持，同时也包含着产品或服务本身的支持要素；为提升产品质量帮助改良工艺往往伴随设备、资金等要素的投入。而且，问题解决办法的多样性使得创业支持举措具有丰富的表现形式。因此，创业支持举措可能不局限于萨克斯顿等按提供资源划分的三大类。未来的研究人员应该更仔细地审视创业支持举措的范围。

另外，先前的创业支持研究很大程度上忽略了创业支持及其结果之间的关联性。近年来，相关文献已注意到为应对创业者所面临的具体挑战而出现的创业支持举措（Meister and Mauer，2018；Isele and Rogoff，2014）。创业支持举措有明确的目标导向，即帮助创业者解决在创业发展过程中遇到的实际问题。创业支持的一般原则已被证实可用于研究创业支持举措（Rotger et al.，2012）。进一步地，已有关于商业孵化器的研究为创业支持的目标导向和结果做出了理论铺垫（Dutt et al.，2016）。因此，拉蒂霍等（2020）提出未来的研究应当充分考虑创业支持举措的预期结果以及实现该结果的效率。

尽管如此，若不将支持举措置于某一具体的研究范畴（制度、管理、组织）展开讨论，仍然无法认识到各项举措的总体架构，以及创业支持者如何通过各项举措融入支持创业者的发展过程之中（Aparicio et al.，2016）。显然，制度范畴的支持举措塑造了影响创业发展的环境条件。该范畴内的支持举措既能影响正式制度因素（例如法律、规则），又能影响非正式制度因素（例如关系、惯例）。前者的例子包括影响法规、财政或法律框架变化的政府决策（Price and Siegel，2019）；而 NGO 通过市场建设改变当地市场主体基于承诺的关系则是后者的代表（Mair et al.，2012）。因此，有必要对各项创业支持举措及其结果在制度范畴内进行重新划分。然而，仅靠上述片段式的理解尚不足以推进创业支持的理论发展，只有通过系统地纵向和比较研究，才能确定对创业发展产生积极影响的具体支持机制（Bosma et al.，2018；Urbano et al.，2019）。鉴于此，本书引入由创业支持者及其支持举措构成的创业支持系统，并从制度视角深入探究该系统对农民创业正规化的作用机制。

2.3.3 Agent 方法介绍与基于 Agent 的创业支持仿真

Agent-based Modeling（简称 ABM）是一种用于研究多智能体系统的计算建模方法。ABM 的基本逻辑是"采用自下而上的建模方法"，通过智能体对局部建模的方式实现对系统建模，通过智能体的行为及其之间的交互关系来描述复杂系统的行为，从个体到整体、从微观到宏观，利于研究复杂系统的涌现性和非线性等。现有文献对智能体（Agent）给出了各种定义，虽然目前尚未有对 Agent 定义的普遍共识，但它们都有一组基本概念：主体、主体的环境和自治的属性。主体是位于某个环境中的软件（或硬件）实体，能够对该环境中的变化做出自主反应，环境就是主体外部的一切。此外，Agent 还常常拥有状态、记忆以及随时间而变化的能力。因此，该方法适合于模拟个体行为。

ABM 一般将系统表示为智能体的集合，多个智能体"主体"在虚拟环境中交互是 ABM 的一个重要特点。主体是被设定为具有一定程度的自主性，在自身目标的约束下状态和行为规则对环境和其他主体做出反应并采取行动。主体的行为和交互产生了系统的全局行为，然而，系统的全局行为不能反过来追溯到其成员主体的行为和交互。ABM 另一个重要特点是，决策是由主体内生的。除了编程使用的简单决策规则外，通常不存在"中央控件"控制主体行为。主体大多数情况下代表离散的决策者，可以是个体，也可以是个体的集合，可以是低智能或中等智能的对象（如机器和软件程序），也可以是高度智能的对象（如家庭、政府等）。主体可以与被建模的现实世界中存在的个人（或组织或其他参与者）进行一对一的通信，现实中的多主体交互可以对应到

ABM 中的多主体交互，因而就可以将虚拟世界初始化为预设的安排，然后让模型运行并观察其行为，通过观察模拟，行为的涌现模式可能变得明显。

ABM 编程使用面向对象的编程语言或专用仿真库或建模环境，并使用能够"理解"和"反应"主体情况的行为规则的条件集合进行构造。而且，可以在构建 ABM 的同时运行模型，以便生成模型仿真结果数据，容易根据观察到的数据对模型进行验证。ABM 仿真过程始于实例化智能体的数量，之后让智能体行动并交互作用，进而观察全局的情况变化。ABM 仿真的一个独特优势在于几乎所有的个体行为属性都可以被捕获并模拟，该方法因此被广泛应用于研究由人群构成的多智能体系统。目前，ABM 已被应用于交通行人、仓储物流、疾病传播、临床诊疗、能源供应和消费者行为等多个研究领域（Zhang et al.，2016；Carayannis et al.，2016；Rixen and Weigand，2014）。而在以市场、社会及各类组织为背景的仿真时，建模往往是以特定背景下所需达成目标为导向的，正如本研究中，农民创业者是为解决其面临的制度问题而与创业支持者进行交互的。

事实上，ABM 也已经被广泛用于模拟不同场景中的创业支持，聚焦两类基本主体——创业者与支持者在虚拟环境中的交互行为。巴克斯等（Backs et al.，2019）指出，ABM 在模拟创业支持时拥有的以下优势是其他建模方法所不具备的：（1）基于智能体的模型最适合中等数量的利益相关者；（2）涉及利益相关者所在区域内的局部和复杂交互；（3）利益相关者的异质性作用突出；（4）丰富的环境（例如空间、认知或等级距离）可能在其中发挥作用；（5）时间方面需要与基于智能体建模的任何有意义的应用相关；（6）自适应主体的存在对于应用基于智能体的仿真是必要的。综上所述，实施创业跃迁的农民创业者针对其所遇制度问题寻求最合适创业支持者的帮助，是一个适合采用基于 Agent 仿真的研究场景。

2.4 文 献 评 述

本章对研究所涉及的文献与主要理论基础进行了回顾。可以看出，创业减贫的功效已经得到普遍承认，但若将关注点仅落在满足创业者基本需求的生存型创业上，则会低估创业在贫困环境中的成效。相关领域学者呼吁对超越生存型创业展开深入研究，这为本研究提供了理论背景。

对农民创业者而言，实现从生存型农民创业到机会型农业创业的跃迁存在障碍。除了被广泛研究的资源稀缺因素外，农民创业者从非正式市场跃迁到正式市场所需面对的制度鸿沟也被相关研究所证实。制度领域的学者主张凭借制度中介的力量克服非正式市场的制度空洞，从而帮助创业者实现在不同制度领域间的跃迁，这为本研究设定提供了基础与研究视角。

以往从具有不同制度逻辑的多主体视角分析中介作用的研究则相对匮乏；相关研究多强调中介组织通过提供市场基础设施与培养商业能力弥补"商业制度空洞"，忽略了制度中介促进创业者跨越不同制度领域的其他方式和策略。此外，就新兴国家非正式市场的"结构性制度空洞"而言，目前制度中介理论尚无法提供帮助创业者有效应对该种复杂情况的良好解释。本书结合现有制度中介理论，试图在农民创业正规化场景中对该理论进行丰富与发展。

虽然文献认同创业支持者充当制度中介，但创业支持领域的研究大多集中于创业支持系统的构成、创业支持者的角色分布，未见关于创业支持系统促进创业者跨越不同制度领域的作用路径和机制研究。与此同时，有研究开始对创业支持行为及其提供的资源进行分析，但依然是片段式的，并未结合制度逻辑系统地阐述创业支持对农民创业跃迁的重要支撑作用，这为本书研究留下了待填补的空白。

第 3 章
农民创业跃迁与创业支持行为

3.1 引 言

农民创业作为增强农村贫困人口脱贫致富能力的途径之一，近年来受到广泛关注。"农民创业"，指农民以家庭为依托，在农业及相关涉农行业中，利用自身的资源要素，通过扩大现有生产规模或从事新的生产经营活动以达到可持续生计并进一步谋求发展（Si et al.，2015）。"农业创业"，指农民在农业及相关涉农行业中，整合各项资源，创建社会化生产或经营组织，开发并利用商业机会以实现经济效益和社会价值（俞宁，2013）。对比可知，生存型的农民创业和机会型的农业创业是两种性质完全不同的创业活动。在减贫实践中，虽然多数农民创业者通过保持生存型创业活动实现贫困的缓解，但不难发现，少数农民创业者通过创业类型的跃迁开展机会型创业活动不但实现了脱贫致富，还将产业相关的贫困农户纳入其农业创业活动之中，在相当程度上缓解并消除了群体贫困。显然，基于简单扩大再生产模式的农民创业尚不足以实现全面推进乡村振兴的战略需要，农业创业才是从根本上缓解贫困并最终走向富裕的重要途径。因此，为了有效促使更多农民创业者通过跃迁开展农业创业活动，首先有必要对农民创业跃迁的现象进行充分解析。

从农民创业者实施跃迁的动机溯源，兰格万等（2012）对新兴经济体中生存型创业者缺乏发展愿望的观点提出质疑，认为创业动机和愿望将随社会经济环境、社会网络、家庭关系的变化而变化。因此，以创业初始动机为标准的创业类型二分法——生存型与机会型创业，无力解释农民创业者的动机因何改变。维斯沃纳森等（2010）将生存型组织概念化为一系列微型企业的组合。

企业的经营主体是"生存型消费者兼生产者"（SCM's）——作为消费者，要为自身及核心家庭成员提供消费品；作为生产者，同时经营着一个小规模业务以提供维持消费的收入。该提法符合中国情境下生存型农民创业者的基本特征。生存型农民创业者往往处在一个自我维持系统的中心位置，与农资商户、农产品商贩及其家庭子系统保持互动，但这种封闭的创业系统既不能让农民彻底摆脱贫困，更无力解释部分农民创业者如何打破封闭的循环并最终跃迁为农业创业者。虽然变革型创业理论从宏观层面讨论了创业类型转变所需的外部条件（Schoar，2010），但缺乏对创业类型跃迁过程的动态描述。从个体层面看，由于非正式市场中的农民群体"模糊风险厌恶"（对未知风险的厌恶程度高于已知风险）的行为特征突出，农民创业者在非正式市场环境下倾向于保持原有的创业类型（Ahsanuzzaman，2015）。

不仅如此，贫困农民不仅缺乏资本而且缺乏能力，因此被正式市场排斥，难以进入正式市场谋求机会型创业发展。伦敦等（2014）针对非正式市场中的创业者提供了一个方向性的评估框架，指出经济、能力和关系等三个维度对预测其实现创业发展至关重要。考虑到个人所处环境及其在文化传统中的嵌入程度，能力维度捕获了创业者实现行动自由的过程及其拥有的实际机会（Sen，2001）。具体而言，包括利用智力和物质资源的机会，这些资源可以增强创业者的主体性（London et al.，2014）。有鉴于此，应当对农民创业跃迁中创业者的能力发展给予观照。此外，萨克斯顿等（2016）的创业支持行为理论认为，创业支持行为给创业者提供了不可或缺的创业资本，为其追求创业发展塑造能力。但上述分析依然是片段式的，未能提供对创业跃迁的系统解释。

鉴于此，本书在维斯沃纳森等（2010）的生存型创业系统模型基础上，通过案例分析与逻辑演绎，尝试将创业支持行为等因素引入，构建由生存型农民创业到机会型农业创业跃迁的动力系统模型，对创业类型跃迁的过程进行描述并着重审视其中出现的创业支持行为。

3.2 研究设计

3.2.1 数据收集

农民创业到农业创业跃迁的现有研究较少，本章通过一组典型的本土案例探索该过程的发生机制。研究样本的选择遵循理论抽样原则，并保证案例具有足够特殊性与典型性（Suddaby，2006）。中央电视台农业频道的《致富经》栏目主要讲述农民阶层的创业故事，传播涉农经济发展过程中涌现出的创业经验和创新做法，具有较高的真实性和典型性。2014～2016 年该栏目共播出 678 期，剔除其中的重复、特别节目后得到 539 个创业故事。[①] 为兼顾理论抽样和数据可获得性，样本筛选过程如下。

（1）主题相关性。为符合研究主题——从生存型农民创业到机会型农业创业的跃迁，此步骤将样本总量从 539 个缩减至 127 个。

（2）过程完整性。因本章聚焦于创业类型跃迁的动态过程，考虑到过程描述的完整性，此步骤将样本总量进一步缩减到 15 个。

（3）案例多样性和对比性。所选案例尽可能包含多种涉农业务，并淡化农民创业者个人特质（如性别、年龄等）的影响。如此一来，案例选择既考虑到多案例分析的逻辑复制，又考虑了案例间的差异。经过筛选，最终选出 6 个案例作为研究样本。

所选案例创业时间在三年以上，创业经历较为完整。选取的案例涉及养殖、种植、加工和销售等多种业务，所在地区分布较广，包括河南、湖南、四川、贵州、江苏和浙江。创业者有 2 名女性，4 名男性，具有较好的外部效度。以创业者姓名缩写作为案例代码，表 3 - 1 给出研究样本的基本情况。

表 3 - 1   样本基本情况

序号	代码	节目名称	创业梗概
1	ZCH	农村小伙儿的田间地头财富发现	农药使用技术受到本地农户推崇，诱发其农资经营行为。借用表演形式串讲农业知识，促进沟通以提高农资销售。开展病虫害"统防统治"，帮助农民播种、施肥、喷药、收割。兴建农资与农产品一体化交易市场。
2	CYC	西北风吹来的财富	养鱼卖鱼多年默默无闻，一朝台风来袭血本无归。趁黄姑鱼推广之机规模养殖，却因活鱼腥味遭市场冷遇。巧借西北风制成鱼鲞美味，靠"渔家乐"成功推荐经销商。特色鱼干当地独一家，扩展品类做成系列品牌。

---

① 《致富经》2016 年共播出 230 期，其中有 24 集重复播出和 5 集特别节目；2015 年共播出 222 期，其中有 39 集重复播出和 9 集特别节目；2014 年共播出 226 期，其中有 56 集重复播出和 6 集特别节目。数据整理自节目官方网站：http://tv.cctv.com/lm/zfj/videoset/。

序号	代码	节目名称	创业梗概
3	YP	"90后"小伙借鸡生蛋年赚百万	因父亲车祸接管养鸡场,放弃蛋鸡养殖选育罗内土鸡。求教畜牧兽医掌握防疫技术,通过"借鸡生蛋"扩大养殖规模。借助社交网络打开市场,增贴防伪标签提高识别度。线上线下结合销售,发展合作社员带动周边农户。
4	WGZ	自信男人养甲鱼有何不同	仿野生养殖甲鱼出现商机,厌倦外出务工回乡创业。独创牛肉为主的饲料配方提高品质,高出同类产品的价格遭受质疑。邀请本市餐饮协会进行品鉴并获认可,产品随即优质优价且供不应求。成立养殖专业合作社扩大产量。
5	LT	年轻妈妈两年从负债到年入千万	26岁失意女靠巧卖"不知火"两年改变命运。到北京闯市场一单成交500万元,实现销售突围。通过满足电商硬件需求,打开线上大市场。做成丹棱橘橙大品牌,撬动当地产业的发展。
6	YL	一片叶子能卖7000元的背后	身患疾病的孩子持续治疗耗资巨大,使她决心创业。民俗工艺品经营不温不火,借宣传平台寻求新产品突破。专家提示助其研发成功,独创叶脉绣夺得大赛最高奖。扩大市场增加绣品种类,带动当地农村妇女实现就业。

注:数据收集截止到2016年12月31日。
资料来源:笔者自制。

根据三角验证原则,相关数据收集尽可能从多个渠道获取多元化的证据来源。本章案例的数据收集过程分三个步骤展开。第一步,将6个选中样本的视频资料进行逐字转录和分析。第二步,通过网络上至少两个搜索引擎搜寻、分析样本企业和创业者的相关信息,包括公司大事记、新闻报道、媒体评论和政府的官方信息以及中国知网、万方数据库和维普数据库中相关的电子期刊与报纸资料。[①] 第三步,对所有数据进行整合、补充,并进行归档整理。

3.2.2 数据分析

采用扎根理论的方法对案例进行分析。该方法适用于超越案例现象本身、构建更高层次和更抽象的理论框架(Martin and Turner,1986)。本研究由笔者及熟悉扎根理论方法的另外2位研究员分3个阶段对数据进行分析。

第一阶段,场景提炼。根据分析性归纳的思想和持续比较的原则(Sudda-

① 用于三角验证的材料共分两类:一、包括公司大事记、新闻报道、媒体评论和政府的官方信息等媒体资料共26份;二、中国知网、万方数据库和维普数据库中相关的电子期刊与报纸资料共27份。

by，2006），将创业类型跃迁阶段性特征显著且具有相对完整的情境作为基本的分析单元，从转录的资料中抽取相关度较高的 31 个场景（见表 3 - 1）。场景提炼的线索主要有：（1）这些农民因何成为创业者；（2）他们如何经营业务；（3）在创业发展过程中引入了哪些创业支持行为；（4）创业为其自身以及本地社区带来怎样的影响。

第二阶段，数据编码。参照斯特劳斯和科宾（Strauss and Corbin，1998）的研究方法对数据进行三级编码，编码过程严格遵循扎根理论范畴归纳和模型构建步骤，对资料进行概念化和范畴化。(1) 3 位研究员单独对转录稿中抽取出的场景进行编码，抽取数据中的相关概念，即开放性编码。这一阶段尽量使用实境编码（即转录稿原文），同时注意排除理论框架和个人偏见的干扰。(2) 运用三角验证法将获得的实境编码与其他渠道获取的资料进行印证。经过筛选与浓缩后，共得到 137 条反映初始概念的聚焦编码。运用持续比较法对这些零散的概念进行比较和提炼，将聚焦编码重新拆分或合并，实现概念范畴化，最终产生出 10 个相关范畴（主题）。（3）对不同的范畴使用轴向编码，根据"条件 - 行为 - 结果"的范式，寻找不同主题间的内在一致性。（4）进行选择性编码。根据主题间的内在逻辑关系将其合并，形成聚类维度。将"创业类型跃迁""环境诱因""创业支持行为""商业模式"等范畴（聚类维度）确定下来。在此基础上，提炼出其间的发展脉络，构建出初步的理论框架（见表 3 - 2）。其中蕴含的基本关系是：创业类型跃迁具有在创业者个人和本地社区的双重维度上进行价值创造的潜力。而创业类型跃迁的顺利实现是环境诱因、创业支持行为、商业模式创新三要素共同作用的结果。

表 3 - 2　　　　　　　　　　　　　　编码结果

聚类维度	主题	聚焦编码（部分示例）
创业类型跃迁（核心范畴）	创业者福利	业务扩张，收入增长 - CYC；得到农户的感谢与尊重 - LT；本地独家经营，发展前景广阔 - CYC；自我效能感提升 - WGZ；成为影响一方的创业者 - ZCH
	创业社区福利	改变当地种植形态 - ZCH；带动农村妇女就业 - YL；组建合作社，与农户共同致富 - YP；牵头成立行业协会，提升产地与品牌意识 - LT；增殖放流，保护生态 - CYC
环境诱因	来自创业者家庭	父亲车祸 - YP；孩子持续治疗需医药费 - YL；负债，离异，无力抚养儿子 - LT
	来自创业社区	农药使用技术受到本地农户的广泛推崇 - ZCH

聚类维度	主题	聚焦编码（部分示例）
创业支持行为	产品/服务	鉴别质量，推介宣传 - WGZ；推广养殖新品种 - CYC；提供产品展销平台 - YL
	人力资源	介绍养殖和防疫技术 - YP；专家意见改进制作工艺 - YL；推荐合作种植户 - LT
	财务资源	提供小额无息贷款 - YL；为出租合同提供担保 - ZCH
商业模式	销售渠道	发展电商客户 - LT；"渔家乐"口碑营销 - CYC；线上线下结合 - YP
	增长战略	让农户借养小鸡返还商品鸡 - YP；横向合作，扩大经营规模 - ZCH
	差异化战略	借表演加强沟通 - ZCH；独特饲料配方 - WGZ；增贴防伪标签 - YP

注：引用编码后的字母表示代码所属案例，如 - CYC 表示出自案例 CYC 的聚焦编码。
资料来源：笔者自制。

第三阶段，数据检验。为了保证数据编码的可靠性，3 位研究员共同对编码后的数据进行整体校对，包括检验理论饱和度和信度。通过对初步选定的15 个案例中其他 9 个进行理论饱和度检验，没有得到新的主题和维度，因此本案例研究的编码已达到理论饱和。然后分两步对数据分析结果进行信度检验。第一步，同辈检验（Corley and Gioia，2004）。在 3 位研究员收集和整理数据的同时，邀请不参与本研究但熟悉扎根理论的人员从整体上进行把握，指出数据收集中存在的不足之处并在更广的范围内考虑如何整理这些数据。第二步，编码者一致（Gioia et al.，2013）。3 位研究员分别将所得的聚焦编码交给另一位，让其进行归类，由此可计算出聚焦编码与主题之间的编码一致性。经过计算，① 3 位编码者一致的程度达到 0.87，高于 0.8 的可接受水平。第三步，对所有存在的差异进行讨论直至达成一致意见。对于数据分析所得主题、维度及其相互关系将在后文中进行阐述（Strauss and Corbin，1998）。

3.3 创业类型跃迁的双重维度与结构性影响因素

案例中，创业者均提供了如何使其业务蓬勃发展的看法。在这个问题上的观点集合构成本研究的核心范畴——农民创业到农业创业的跃迁。具体目标

---

① 详细计算步骤请参阅 Gioia and Corley，2013。

是：（1）业务质量和规模均得到发展，创业者个人的收入水平和社会地位有明显的提升；（2）经营业务所在的创业社区经济能力得到增强。需要注意，仅农民创业者中的一个子集将追求创业类型的跃迁，且该子集内个体的发展程度亦不相同。接下来将援引具体的案例说明创业类型跃迁中两个关键维度——创业者和创业社区双重发展的目标导向。

3.3.1 创业类型跃迁的个体维度

业务的扩张对创业类型的跃迁相当重要。利用现有资产在超出当期的时间框架内获取更大的回报成为一个反复出现的概念。所谓资产，可以指最初的债务资本或是经营期初的利润增量，抑或是品牌声誉等无形资产。例如，喻某免费将每批最多 300 只一斤重的小鸡给农户借养。6 个月后小鸡长成三斤重的商品鸡，农户只需把之前小鸡总重量的 300 斤还给喻某，鸡的增重则为农户的收益。"借鸡生蛋"的办法帮助喻某迅速扩大了养殖规模。

对农民创业者来说，营业收入的增加是通过坚持不懈的经营逐步实现的，包括有效的成本控制，提高资产利用率等。例如，为了降低以奶牛肉为主的饲料成本，吴某将南瓜、胡萝卜、大蒜、玉米粉、小麦粉等 10 多种原料与奶牛肉一起做成配合饲料，不仅降低了单位饲养成本，而且提高了甲鱼的品质。

然而，仅仅是业务的扩张或营业收入的增长还不足以实现创业类型跃迁。收入只是个人提升路径上的一个影响因素。案例内容表明了一个更复杂的现实：业务收入的增长和资本的积累最终提升了创业者的社会地位，即获得了表征性的力量和行使权力的能力（Narayan et al.，2009）。例如，卢某婚姻破裂后带着孩子生活，不仅没有工作还负债 10 万元。创业两年后，卢某把"不知火"变成了农户们的"致富果"，赢得了农户们对她的尊重和钦佩。此外，获得对生存环境和创业发展方向的掌控，对其所在的特定产业施加影响是其进取动力的心理标志。这种见解与发展经济学文献中的内容一致，表明个体能动性以及自信和进取意识在帮助人们走出贫困方面的重要性（Narayan et al.，2009）。

综上，业务的扩张、收入的增长和社会地位的提高以及对创业发展方向的掌控，使农民创业者实现由农民创业向农业创业的跃迁。

3.3.2　创业类型跃迁的社区维度

案例中创业者的业务发展为提升当地创业社区的经济能力做出了贡献，形成了创业类型跃迁中以社区为导向的第二维度。创业社区是一种促进新企业创建的专业性、社会性和局部性网络（Saxton et al.，2016）。作为一种社会网络，网络成员的交换经常作为知识转移、知识创造和创新的渠道，该网络因此起到新企业创建的润滑剂作用（Bhagavatula et al.，2010；蒋剑勇等，2014）。研究表明，由于农村创业社区的非正式经济特征明显，创业社区成员间的社会交换构成了正式经济的有力补充，为创业者和资源持有者提供了有效的链接（Sridharan et al.，2014；刘杰，郑风田，2011）。因此，创业社区能够从总体上反映出交互行为所产生的效益。

农民创业到农业创业的跃迁能够为创业社区带来丰厚的福利：不仅能提供就业，而且提升了本地经济实力，促进更多创业活动的产生。例如，为了提高农户的产地意识和品牌意识，卢某牵头成立了丹棱县橘橙协会。此举有利于构建一个健康的创业生态系统。此外，创业类型跃迁的社区维度还代表着一种能力和吸引力，使更大规模和更正式的成熟市场主体参与到非正式市场中来。例如，2015 年，祝某出资组建了一个集农资和农产品于一体的交易市场，一期占地 327 亩。目前已经吸引了商丘市大部分的农资经销商入场。

总之，对案例的解读揭示了创业类型跃迁的个体和社区双重维度，代表着创业者个人发展导向和创业社区发展导向。双重维度的标准是在农村创业社区中判别创业类型跃迁的关键。创业者自身收入水平的提高固然重要，但未能概括转型的全貌——创业者的全面提升及其对创业社区整体发展做出的贡献。以上就是对本研究核心范畴的描述，接下来将讨论创业类型跃迁的结构性影响因素——动机、能力、机会。

3.3.3　创业类型跃迁的结构性影响因素

1. 环境诱因

来自农民创业者所处直接环境（如家庭）的诱因经常引发一系列事件，使其突破"模糊风险厌恶"的心理禁锢，进而走上创业类型跃迁的道路。例如，家庭或本地社区中存在问题或关系紧张时，个体情绪或人际关系的平衡会被破坏。相关研究表明，情感状态和人际关系可以刺激或抑制人际信任、行为主动性、风险承担以及创业行为的发生（Narayan，2009）。

生活条件相对窘迫且不被他人尊重通常是一个重要的环境诱因。此外，一两个富有冲击力的消极事件亦能形成诱因（周振，谢家智，2010；林嵩等，2016）。例如，杨某的儿子两岁时检查出血铅中毒、贫血、发育迟缓等问题，持续治疗需要大笔费用，加之长期在外造成感情的疏离，使杨某下定决心创业。再如，喻某因父亲车祸住院而接管了家里的养鸡场。繁重的工作让他体会到父亲的艰辛，使他产生了改变创业方式的想法。另外，跃迁愿望的诱因也可能来自家庭以外的创业社区。例如，祝某对农药实际应用有深入研究，自家果园的管理效果明显。很多人请他代购农药并称呼他为老师，这让祝某感觉很受尊重，诱发其转向农资经营的创业行为。

总之，生活中的机会事件或情况（多数消极）可能作为某些农民创业者的环境诱因，使其事业轨迹出现新的分支，其中就蕴藏着潜在的改变。环境诱因的概念与班杜拉（Bandura，1998）的"影响人生道路的偶然因素"观点相一致。班杜拉（1998）认为与改变人生道路相比，该类因素可能更多的是对动机产生影响。环境诱因亦与"促成原因"的观点相一致（Shapero，1975）。当然，此类机会事件可能对大多数农民创业者来说不会有影响，因其在不改变生活基本方向的基础上被动地适应着改变。

2. 创业支持行为

农民创业到农业创业的跃迁过程中，创业者必须解决三个核心领域的问题：产品（服务）及其出售对象，人力资源，财务资源。创业者自身及其家庭无法提供充足的资源，需调动创业社区的支持才有可能实现成功转型。创业支持行为是创业社区成员自发的、无特定经济回报的对初创期创业者的援助行为（Saxton et al.，2016）。下文逐一描述了创业支持行为在相关领域的表现。

创业者在对产品类型选择或出售农产品之前会寻求援助，以确认产品满足客户需求的可能性及形成规模经济的可行性。例如，当得知浙江海洋学院海洋水产研究所正在舟山附近推广日本黄姑鱼时，陈某认为这种尚未被当地养殖户接受的品种蕴含着商机，主动找到研究所的工程师了解相关养殖信息。后续的产品开发过程中，支持者甚至可能在潜在客户中树立产品的口碑效应。例如，吴某以奶牛肉为主的甲鱼饲料配方以及高出同类产品一倍的价格受到同行与客户的质疑。为打开销路，他邀请丹阳市餐饮协会的专家进行品鉴并得到认可。此举使原本抱怀疑态度的人不仅要和吴某合作，还主动帮他进行产品推广。本质上说，创业支持行为有可能防止产品或服务不满足市场需求而在初创阶段失败。

在人力资本方面，创业支持者或直接提供自身专业知识，或间接推荐专业人才帮助创业者，为创业者省下了一笔人力资源投入。例如，杨某开发叶脉绣时遇到技术瓶颈，专家提示她用醋酸中和掉叶片处理过程中的强碱以增加叶片的韧性，帮助杨某研发成功。创业社区作为新创企业的人力资源网络，为其提供免费的建议和技术援助，在创业者尚未组建人力资源管理部门之前发挥着重要作用。

支持者向创业基金推荐新创企业，对创业者来说是一种关键的网络行为。通常投资者不会评估来路不明的商业计划，只有经其自身网络成员推荐的计划才会受到关注。另外，创业支持者可能提供有限的无息贷款或以公益基金的方式帮助新创企业过渡到下一个发展阶段。例如，杨某为增加绣品种类、扩大生产规模，向铜仁市妇联申请了妇女小额担保贷款。妇联在确认其资金困难后，为她解决了 25 万元的贷款。此外，支持者在企业初创阶段可以就融资条款的设定提供指导，以促进协议的达成。因此，支持者的指导或动用其网络关系协助创业者获取资本是另一类重要的创业支持行为。

除上述三类行为以外，提供免费咨询、反馈和网络关系，提出商业模式或产品扩展组合方案等均属创业支持行为。这些行为虽不能准确地归入上述类别或可能发生类别的重叠，但依然是决定如何组织资源以塑造商业机会的重要组成部分。

3. 商业模式

环境诱因和创业支持行为的结合可能会塑造创业者追求新生活和创业发展方向的动机和能力，反映出一种不同以往的创业类型。而对发展机会的把握本质上是由业务经营的一系列商业决策所决定的。虽然针对已成型企业的 5V 商业模式分析框架已被学术界广泛采纳（Zott et al.，2011），但由于本节研究的是影响创业类型跃迁的关键因素，因此采用莫里斯等（Morris et al.，2005）提出的框架分析案例内容。得到的商业模式构成要素包括：销售渠道、增长战略和差异化竞争战略。

销售渠道对建立非正式市场与正式市场之间的联系来说至关重要。例如，从 2016 年初开始，陈某邀请经销商和亲朋好友上渔排游玩，不仅介绍日本黄姑鱼的养殖过程，还用黄姑鱼鲞烹制的美食免费招待游客，最终凭借"渔家乐"体验式营销为原本不被经销商接受的品种打开了销路。

增长战略强调的是把握与创业者商业模式一致的增长机会。例如，因叶脉绣的市场有限，杨某必须要找机会增加产品种类。2012 年，杨某接下一个包含机绣、手绣等各类绣品总金额达 243 万元的订单。为完成订单、丰富产品种类，杨某将生产材料免费下发给农村妇女并提供技术指导，再将达到订单要求的成品回购。通过产品多元化的增长战略，杨某发展了民族服饰、包袋、鞋垫等一百多种产品。2013 年，杨某的公司年销售额达到 900 多万元。

差异化竞争战略体现出企业运营中独有的优势。例如，祝某频繁组织演员到乡镇表演节目、播放露天电影，其间串讲一些农资使用知识。此举目的在解决当地农资商户和农户之间缺乏有效沟通的问题。祝某借用表演的形式传播农业技术，为农户提供服务，争取到了更多客户。

商业模式体现出创业者的思维的水平是"当下型"抑或"前瞻型"，后者包括现实之外的预见，能够形成长期导向的发展战略，提升创业类型跃迁的机会（陈寒松等，2019）。本章已经对创业类型跃迁的两个关键维度进行了描述，接来下基于上述内容构建模型，剖析创业类型跃迁的过程。

3.4 构建理论模型

3.4.1 环境诱因、创业支持行为与商业模式：三方对创业类型跃迁的影响

现有研究结论表明，环境诱因、创业者素质以及有效的经营模式共同驱动生存型创业者追求创业变革（Sridharan et al.，2014）。虽然三类因素并非在任何情况下都是必要条件，但实现变革型创业的效率会因缺乏某类因素而受到影响。针对农民农业创业，俞宁（2013）指出相关因素通过影响创业意愿、机会识别和资源获取而作用于整个创业过程。

基于上述研究基础及对案例的理解，环境诱因将诱发创业者改变创业发展方向的动机，使其走向创业类型跃迁的道路。若得到创业支持者提供的援助，农民创业者则有能力对诱发的动机做出回应。更为重要的是，如果创业者的商业模式以扩张性销售、战略增长和差异化竞争为特征，则最有可能实现创业类型的跃迁。结构性因素将以"动机 – 能力 – 机会"的方式影响创业类型的跃迁，这是本研究所做的第一项理论整合。

3.4.2 创业类型跃迁的系统框架

创业类型跃迁过程发生在由众多农业产业经营主体构成的市场交易体系

中，因此将该现象置于系统框架内进行分析。维斯沃纳森等（2010）选用系统分析框架研究生存型创业活动，构造了一个生存型创业系统模型，为后续研究提供了理论基础。然而维斯沃纳森等（2010）提供的理论模型是针对生存型创业系统的静态描述，未能完全解释创业跃迁过程中的动态因素。因此，本书以其构造的生存型创业系统为演绎的起点，构建创业类型跃迁的动力系统模型，这是本书所做的第二项理论整合。

1. 框架起点：农民创业系统

根据维斯沃纳森等（2010）的描述，生存型创业者通过管理家庭、商贩、消费者三个子系统内部和之间的关系，实现了资源在各个子系统间的流入和流出，获得当期的生存条件。这种管理依靠的是各种维度的承诺而非契约关系。该系统的特征可以用自我调节和自我维持的"闭环"来概括。正面（强化）和负面（平衡）反馈回路控制着系统内的活动，使整个系统得以持续运行。该提法符合中国情境下农民创业者的基本特征。农民创业者往往处在一个自我维持系统的中心位置，与农资商户、农产品商贩及其家庭子系统保持互动。在图3-1中，本书提供了一个根据研究主题改编的模型以展开讨论。

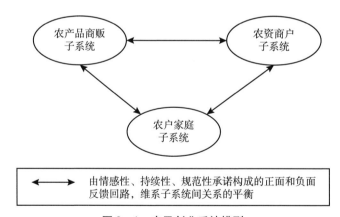

图3-1 农民创业系统模型

资料来源：本图是在维斯沃纳森等（2010）论文第5页模型图的基础上修改而成的。

农民创业者与其家庭、农资商户、农产品商贩子系统间存在错综复杂的关系，这一概念在案例中得到证实。此外，案例还证实创业者与其所在创业社区之间的关系。因此，上述模型仅为构建理论提供了演绎的基础。案例内容显示，该系统框架仍存在一些被遗漏的部分。现对上述模型进行补充，并对修补部分做出解释。

2. 创业支持者子系统替代农户家庭子系统

对维斯沃纳森等（2010）模型的第一项改变是将农户家庭子系统替换为创业支持者子系统。根据定义，创业支持行为是创业社区成员自发的、无特定经济回报的对初创企业的援助行为。所以，来自家庭子系统的支持均可视作创业支持行为。然而，农民创业者仅凭农户家庭子系统提供的资源无法实现创业类型的跃迁，农业创业的成功与创业者积极调用创业社区中的支持密不可分。我们引用萨克斯顿等（2016）的理论（见图 2 - 2）对这一现象进行解释，并将其作为模型修补的基础。

首先，个体若存在强交换导向和获取社会资本的动机则更有可能从事创业支持行为。潘安成和李鹏飞（2014）认为，在崇尚互惠的中国情理文化中，农村创业社区中的个体一般拥有较强的交换导向，并通过提供支持行为积累自身的社会资本。其次，创业支持者的自我效能感会使其有意愿参与创业支持行为。当创业社区的成员相信自身的能力或专业知识能够产生影响时，很可能会作为创业支持者与创业者接触并提供支持。再次，创业社区中的互惠行为规范将影响创业支持行为的发生。农民创业过程中各参与主体的地缘关系以及由"乡情"产生的社区成员开放式联系将促使互惠行为的发生（潘安成和李鹏飞，2014）。开放式的社会交换以抽象价值解决个体的社会需求和尊重需求，加深了创业社区成员的社会情感收益。个体得到创业社区成员的认同并获取社会情感收益后，基于回报精神，这些潜在的创业支持者更有可能从事支持行为。

综上，创业支持者有充分的动机和能力帮助农民创业者摆脱家庭经营单位的局限，创办公司或合作社等社会化生产经营组织以实现创业类型的跃迁。

3. 范式切换：变更为开放系统

对维斯沃纳森等（2010）提出模型的第二项改变针对的是系统范式。维斯沃纳森等（2010）的模型具有闭环特征：正面和负面反馈相互作用，推动系统平衡；一旦实现平衡，系统能力就稳定下来。为了重构创业类型跃迁的动态系统，本研究以组织与管理系统理论为依据（Kast and Rosenzweig，1972），在维斯沃纳森等（2010）的模型基础上演绎一个开放的创业类型跃迁动力系统模型。开放系统无须假定输入和输出在系统中实现严格的平衡，亦允许将导致不平衡的元素（比如环境诱因和创业支持行为）纳入其中。接下来将详细阐述推演过程。

（1）开始破坏。生活中关键事件或情况的出现可以作为诱因。诱因尤其是负面诱因，或削弱创业者满足其个人和家庭基本生存需要的能力，抑或促使他们冒更大的风险以改变创业发展方向。在这两种情况下，通过正面和负面反馈循环实现自我调节的平衡系统将遭到破坏。

农民创业者虽然基本处在维持生计的生存条件下，但其对环境诱因做出反应的方式却不尽相同。负面诱因发生时如果无所作为，那么它就可能变成一股螺旋式下降的推动力，逐渐拖垮闭环模型中由承诺构成的微妙平衡，最终导致农民创业不复存在。然而，如果个体意识到突发事件将造成巨大的影响并最终决定行动起来，那么创业者改变的行为将导致破坏。例如，喻某一直以来都在父亲的呵护下生活，只因父亲突遇车祸而不得不接管养鸡场。接手后喻某发现蛋鸡养殖不仅劳动强度大而且经济效益低，于是产生了大规模饲养罗内土鸡的想法。总之，环境诱因对农民创业构成冲击，创业者的积极反应可以破坏由维持生计造成的平衡。

（2）继续破坏。虽然环境诱因可能提供一个有力的起点，对平衡的破坏是否能够延续则取决于农民创业者是否在诱发的情境下持续做出适应性调整。这有赖于创业支持者提供的必要援助。前面所描述的三类主要的创业支持行为，即提供产品资源、人力资源和财务资源，都是创业类型跃迁的必要条件。

农民创业者取得支持后，会由家庭经营单元向公司、合作社等经营组织演变，建立"公司＋农户""合作社＋农户"等社会化的生产组织形式。本节以合作社为例，参考黄祖辉（2013）提供的农业合作社类型划分方法，阐述两种常见的演化路径：纵向合作与横向合作（见图3-2）。纵向合作是产业链各环节主体之间的合作。例如，在产业上游，卢某与"不知火"种植户合作，获取了稳定的货源供应；在产业下游，与传统水果经销商、电商客户合作，为客户提供选果、包装、运输等一条龙服务。纵向合作通过完善和优化纵向产业链，降低了各经营主体之间的交易费用并提高整个产业链的资源配置效率。横向合作是相同类型或相同生产环节主体间的合作。例如，吴某牵头成立的养殖专业合作社（属生产合作社），由他统一提供种苗和技术，再统一回收并销售社员的商品甲鱼。横向合作通过合理的方式适度扩大经营规模，发挥要素规模优势，从而提高农业生产效率和规模收益。

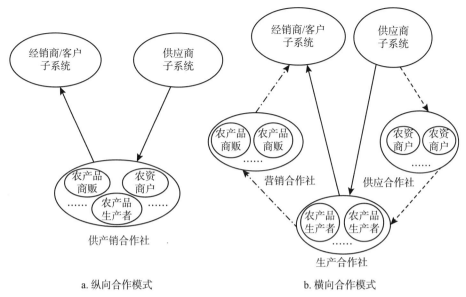

a. 纵向合作模式   b. 横向合作模式

图 3-2 创业类型跃迁的组织演化路径

资料来源：笔者自制。

创业组织形式发生演化之后，创业主体与其所在产业链上下游主体间的关系发生了实质性的改变：由原来非正式的承诺关系转变为正式的契约关系（虽然契约类型以商品契约为主，约束力有待提高）。随着契约类型的完备，约束力不断增强，使得创业者能够与正式市场建立联系，例如正式商业网络中的经销商/客户子系统与供应商子系统（见图 3-2）。

（3）完成破坏。最终，创业者通过以扩张性销售、战略增长和差异化竞争为特征的商业模式，抓住了新的商业机会，完成了对封闭系统的破坏（见图 3-3）。

这些抽象并具前瞻性的战略在短期内无疑是有风险的，却可能创造出对未来盈利更有把握的商业机会，促使农民创业者的行为突破原本封闭系统的均衡。从 2010 年开始，农资商户祝某为农民提供播种、施肥、喷药和收割一条龙服务，称为"统防统治"。初见成效后，祝某采取扩张性销售的方式逐个乡镇地推广统防统治，严重影响了当地其他农资商户的利益，甚至发生了报复打架事件。事后，祝某与这些农资商户进行横向合作，化敌为友，不仅壮大了经营组织，而且提高了统防统治的服务效果。祝某凭借此举在当地社区建立起个人与企业声誉的无形资产，使原本对其服务存疑的农户纷纷加入统防统治。

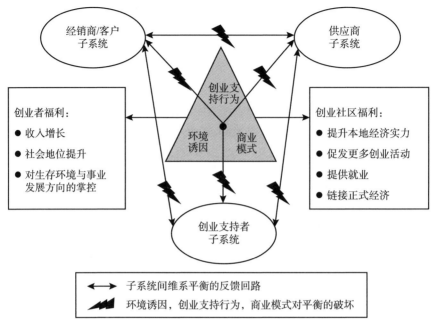

图 3-3 创业类型跃迁的动力系统模型

资料来源：笔者自制。

在把握新的商业机会实现更高层次资源积累的同时，农民创业者为实现创业跃迁不断拓展其经营的系统边界。到 2013 年，祝某配备各类农业器械 8000 多台，组建机防队 618 个。同时，他还在当地率先使用大型直升机对庄稼统一喷洒低毒农药，最多的一年管理农田超过 40 万亩。[①] 为保统防统治的质量，他又兴建化肥厂，自行研发生产肥料，一年总销售额超过了 5 亿元。这些强调发展和差异化经营的举措打破了封闭系统的平衡，使创业者能够实现创业类型跃迁。

随着系统边界的延伸，创业者与正式商业网络中的经销商/客户子系统、供应商子系统建立正式契约关系，完成了由封闭向开放、由非正式向正式市场的系统跃迁。2015 年，祝某筹建了一个集农资和农产品于一体的交易市场，一期占地 327 亩，现已集中了商丘市大部分的农资经销商。在这里农户不仅能购买到所需农资产品，还可以出售其农产品。为农民提供一站式服务的同时，祝某不断拓展自身经营的系统边界并与当地正式市场中的农资供应商、经销商

---

① 1 亩 = 666.67 平方米，遵循农业中的使用惯例，此处保留以亩为单位的表述。

等建立起契约联系，促进了当地农业产业的健康发展。

总之，农民创业者从当地社区中获取的创业资源使其能够打破封闭系统，并通过一系列商业模式创新行为重塑系统动力，构建起农业创业的开放系统。在开放系统的运作下，创业者不仅扩大经营规模积累了更多资源，更建立起非正式市场与正式市场之间的联系。最终，农民创业者完成了创业类型跃迁，能够觉察农业产业的整体发展方向并做出积极反应，而非被动接受和平衡各种现实压力，为其自身及所在创业社区带来了积极的影响（见图 3-3）。

3.5 理论模型的讨论

本章提供的创业类型跃迁的动力系统模型可用来解释农村创业社区中部分农民创业者的价值创造过程。首先，农民创业者不仅实现了收入的增长，而且提升了农村创业社区的能力。其次，描述了创业类型跃迁的构成要素：环境诱因（产生动机）、创业支持行为（塑造能力）和商业模式（利用机会）。最后，采用系统框架揭示了创业类型跃迁的实现过程：在维斯沃纳森等（2010）构造的生存型创业系统基础上，将家庭子系统替换为创业支持者子系统。出现环境诱因并得到创业支持者援助后，农民创业者建立起更强大的商业模式，实现了农民创业到农业创业的跃迁，并将影响扩散到整个农村创业社区。这种影响使创业者能够利用其创业发展与正式市场建立联系，促进整个非正式市场的有机成长。

3.5.1 创业类型跃迁与系统研究

本研究以农民创业系统模型为基础，从案例中提取数据演绎出以开放为特征创业类型跃迁的动力系统模型，完成了创业类型跃迁问题与系统研究视角的整合。

作为系统不平衡因素的环境诱因出现时，农民创业者在一个稳定的、封闭系统中以勉强维持的方式被动应对。农业创业者则主动通过破坏性创新重塑系统动力。封闭系统提供的是与时间无关的均衡解决方案，即在稳定的轨迹中循环。在开放系统中，创业发展轨迹随时间的变化将产生"发散"解而非"均衡"解，这就为摆脱贫困提供了有效途径。通过这种方式实现了将创业类型跃迁现象与系统研究角度的紧密结合。

对外部正式市场中的参与主体来说，农业创业者是其本土合作伙伴的极佳选择。其拥有的市场知识以及本地社会嵌入能力通常代表着有价值的无形资产，对正式市场参与主体拥有的传统资源构成有效的补充。因此，农业创业者可以作为农村创业社区的代表与正式市场参与主体进行谈判，最大化地争取创业社区发展所需的资源。跃迁成功的农业创业者潜在地将个人和农村创业社区的发展联系在一起，能够有效促进各类农业发展政策以及创业支持项目的实施。而推动创业类型跃迁的公共政策（例如，农业产业化扶贫）可以促进非正式与正式市场之间的相互作用，从而对经济发展产生重大影响（Harriss-White and Basu，2004）。该类政策亦能够指导正式市场参与主体在非正式市场中行动，促成外部参与者与农村创业社区主体的合作（Webb et al.，2010）。

总而言之，从系统的角度看，只有实现内部非正式市场参与主体与外部正式市场参与主体的协同，使相对封闭的系统演变为开放的系统，创业类型跃迁才能真正实现。

3.5.2 创业类型跃迁的实现方式

肖尔（Schoar，2010）的研究已经指出了生存型与变革型创业的区别。该研究同时指出，变革型创业不会出现在贫困地区。事实上，新兴市场的政策制定者常被告诫：切勿认为变革型创业者将由生存型创业者转变而来。本研究通过展现农村地区创业类型跃迁的事实，表明农民创业者不仅实现了收入的增长，同时提升了本地创业能力，有助于形成健康的创业生态系统。当农村创业社区的整体环境得到改善后，将诱发更多的农业创业行为，形成创业类型跃迁的良性循环。这种贫困解决方式不同于托拜厄斯等（2013）提到的由政策制定者和业务已形成一定规模的"成功创业者"创造机会，"普通创业者"的创业行动利用机会的"自上而下"变革过程。相反地，在本研究中创业类型的跃迁是一种个体层面的现象，表现出"自下而上"的特征。而这种自下而上的动态贫困解决方式已被相关研究所证实（Viswanathan and Rosa，2007；Narayan，2009）。

究竟如何促进从农民创业向农业创业跃迁？对创业支持行为的探讨表明，创业教育很可能给出了答案。创业教育是指由政府或非政府组织开展的、采用成人教育形式、对实际或潜在创业者进行的有关产品、技术、市场等方面的培训。创业教育帮助农民创业者克服因受教育水平低和贫困产生的认知偏差，鼓励以再投资和业务扩张为特征的方式突破创业发展的时空限制。对实际创业者而言，创业教育将促使其改变以往凭借直观和固定方式从事生产或经营的倾向；对潜在创业者而言，创业教育从本地社会情境出发，为其提供创业行为的环境诱因。需要特别指出，保证创业教育以农民创业者所处情境为基础，实现"自下而上"发展是至关重要的。

创业教育取得效果的另一个关键在于，让跃迁成功的农业创业者担任"导师"，凭借其社交能力及对本地社区的深入了解指导农村创业社区中的其他个体。农业创业者不仅可以传授业务知识，而且可以分享其在创业发展过程中的经验教训。因此，让成功的农业创业者起到示范作用，甚至在创业教育的发展中居于主导地位，这将是在教育计划和实施方面需要重点考虑的（李静等，2017）。

总之，创业教育目的在于培育农村创业社区中健康的创业生态系统。一个健康的创业生态系统能够促进创业型经济的发展，对创业社区中的主体来说构成一种积极的环境诱因。不论是公共部门还是私营部门主办的教育项目，只有具备一种价值共创理念并强调创业类型的跃迁时，这种双赢的局面才可能出现，并达到在整个社区范围内缓解贫困的目的。

3.6 本章小结

本章以维斯沃纳森等（2010）的生存型创业系统为基础，从案例中提取数据演绎出以开放为特征的创业类型跃迁动力系统模型，完成对创业类型跃迁过程的描述与刻画；揭示出创业类型的跃迁是农民创业者在环境诱因的诱发下，突破自身"模糊风险厌恶"的心理禁锢，借助创业支持行为打破生存型创业系统在封闭的、非正式市场环境中形成的均衡，并通过商业模式创新捕获新的商业机会实现机会型创业发展，从而完成由封闭向开放、由非正式向正式市场的系统性跃迁。环境诱因、创业支持行为和商业模式作为跃迁的结构性影响因素，将以"动机－能力－机会"的方式影响创业类型的跃迁。其中，创业支持行为通过向农民创业者提供针对产品/服务本身、人力、财务等类型的创业资源，为其成功实施跃迁塑造能力。因此，本章所提出的创业类型跃迁动力系统模型为本书后续研究内容的深入奠定了基础。

第4章
创业支持系统对农民创业正规化的作用机制

4.1 引　言

农民创业跃迁，从现象上看是创业类型的跃迁，即从生存型农民创业向机会型农业创业的跃迁；从本质上说，是农民创业者从非正式市场向正式市场的跃迁。理解非正式制度环境重要性的学者们呼吁应当关注创业者如何应对所处制度环境的变化（London et al.，2014；Bruton et al.，2015）。本书第3章完成了对农民创业跃迁的现象解析，并发掘出该过程中的三大结构性影响因素——环境诱因、创业支持行为和商业模式。鉴于现有文献已对环境诱因与商业模式进行了充分研究（王勇，2017；陈寒松等，2019），且本书重点关注的是农民创业跃迁中创业支持的作用机制。因此，本章在前文现象描述的基础上，采用制度视角以揭示该现象背后的本质，重点探究创业支持系统如何促进农民创业者从非正式市场向正式市场的跃迁（以下简称正规化）。

研究表明，新兴国家创业者的正规化主要发生在农产品市场（Tobias et al.，2013；Bruton et al.，2015；Yessoufou et al.，2018），而创业者正规化的动机和社会影响也得到学术界的广泛关注（De Castro et al.，2014）。基于制度经济学的解释强调正式法规与基础设施提供的经济激励将促使创业者为进入正式市场实施合法性转变。尽管见解独到，但该观点可能导致对正规化的片面理解。正规化不仅是一个合法性问题，而且涉及从根本上改变企业的经营方式：非正式市场的交易主要基于信任和口碑，而正式市场的交易则是基于内容合法且条目明晰的契约；非正式市场的产品质量通过视觉检验和直观接触来确认，而在正式市场上则需要执行检测并附达标结果以确保消费者安全。这些包括创业者认知基础和行为模式在内的变化绝非简单地通过执照获取、业务注册和税收缴纳就能够实现。相反，正规化往往意味着使业务运营达到新制度环境下的标准。由于主要考虑与合法性相关的经济因素，现有正规化的研究在很大程度上忽视了非正式制度环境的影响。

非正式的行为规范、价值观念与合理性认识不同程度地支撑着反复发生的社会行为，为社会交换赋予意义，从而实现社会秩序的自维持（Greenwood et al.，2017）。由于上述规范、认识和观念的存在，个体以不完全理性或自主的方式行动（Dacin et al.，1999）。因此，为了完整地描述正规化，应该考虑到创业者在此过程中如何才能实现在不同制度领域之间的跃迁。由于制度具有行为引导和约束的作用，所以仅靠创业者的力量难以完成跃迁。事实上，正规化过程往往依靠私人、政府、学术或非政府组织的力量。该类个体或组织作为创业支持者帮助创业者拓展认知边界，转变行为模式，以支持其业务从非正式市场拓展到正式市场（Pietrobelli and Rabellotti，2010）。所以，创业支持者实质上充当了促成创业者在不同制度领域之间跃迁的制度中介角色（Dutt et al.，2016；Mair et al.，2012）。以往研究已指出，不同类型的市场主体构成了"泛中介"服务网络，通过提供市场连接载体和中间产品与网络服务发挥着市场中介的作用（丁孝智和季六祥，2008；季六祥，2009），但未有研究从制度中介的角度挖掘"泛中介"创业支持系统对农民创业正规化的作用机制。

鉴于此，本章采用多案例研究方法，旨在探索作为"泛中介"的创业支持系统如何促进农民创业正规化。除了考虑到制度经济学的激励机制，本研究还透过组织制度理论视角引入非正式的认识、观念与行为规范等重要概念以加深对正规化过程的理解。综合制度经济学与组织制度理论的视角表明，正规化可能涉及一个更复杂的过程，即由创业支持者引导，农民创业者既打破非正式制度束缚又采纳满足正式市场要求做法的过程。

4.2 研 究 设 计

4.2.1 正规化背景

新兴国家农产品非正式与正式市场之间的需求差异明显，作为研究正规化的背景最具代表性（Yessoufou et al.，2018）。非正式市场的特点是易进入，以家庭自营业务为主，由小规模、劳动密集与受管制程度低的经济活动构成（Vorley，2013）。常见例子是在当地社区出售鲜果和蔬菜的货摊与马路市场。相比之下，正式市场通常被描述为拥有高质量要求和食品安全标准的市场，不同市场主体的经济活动普遍受到监督（Longfield，2014），实例包括商超、出口供应链以及农产品加工企业的主要销售渠道（实体店铺或电商平台）。两类市场的差异详见表4－1。正规化之前，农民创业者普遍参与当地非正式市场活动，通常直接向消费者少量出售低质量的农产品，或者转卖给当地非正式商贩。参与正式市场需要生产效率大幅提升，并提高农产品的产量和质量。

表4－1　　　　　　　　　　　农产品非正式与正式市场的对比

特征	非正式市场	正式市场
主体规模与经营形式	小规模；个体或家庭	大规模；公司或合作社
合法性状况	未注册，逃避税收，不完全服从监管	已注册，缴纳税收，遵守规章制度
产品质量与数量要求	质量参差不齐；交易数量灵活多变	各项质量标准明确，并由此产生品级划分；规模化定额交易
议价地位	个体	集体
交易特征	现货交易，销售基于社会纽带的长期客户关系	订单交易，销售基于涵盖明确要求的正式契约
进入壁垒	少量投资	构成规模经济的投资，或伴随有特许、授权等其他形式的要求

资料来源：根据吴（Wu，2017）和沃利（Vorley，2013）等相关资料整理。

　　在此背景下，农民创业者需要采纳新的实践方式、组织结构和"手段－目标"集，才能顺利进入正式的市场（Eckhardt and Shane，2003）。正规化需要对潜在的创业发展机会以及个体和网络层面新实践的预期收益进行判断。农民创业者往往因非正式的认识与观念而无法正确识别创业机会，需要创业支持者诱发其创业发展的意愿。在此基础上，创业支持者采取行动改变农民创业者的生产方式（引入创新做法）与生产目的（定位正式市场中的买家），并形成了新的"手段－目标"集（通过建立新的生产关系和组织形式），促成其实现正规化。具体支持举措及其功能将通过案例展开探索。

4.2.2 数据收集

农民创业正规化的现有研究较少，本章通过一组典型的本土案例探索该过程的发生机制。研究样本的选择遵循理论抽样原则，并保证案例具有足够的特殊性与典型性（Suddaby，2006）。中央电视台农业频道的《致富经》栏目主要讲述农民阶层的创业故事，传播涉农经济发展过程中涌现出的创业经验和创新做法，具有较高的真实性和典型性。2014～2018 年该栏目共播出 1125 期，剔除其中的重复、特别节目后得到 898 个创业故事。[①] 为兼顾理论抽样和数据可获得性，样本筛选过程如下。（1）主题相关性。鉴于本书关注的是创业支持系统如何促进农民创业正规化，首先，所选案例中创业者跃迁前后所参与两类市场的非正式与正式特征应当明显（依据表 4-1 内容判断）。其次，根据萨克斯顿等（2016）的界定，创业支持者指不以特定经济回报为目的支持创业者的个人或组织，是创业支持系统中的主体。所选案例中的创业者在正规化过程中受到的支持必须被明确判断为来自创业支持者。此步骤将样本总量从898 个缩减至 156 个。（2）过程完整性。所选案例对农民创业正规化叙述过程要完整，即在充分描述创业支持系统作用于创业者的基础上，试图将该动态过程延伸至创业者如何响应支持系统以及二者的交互作用部分。此步骤将样本总量进一步缩减到 24 个。（3）案例多样性和对比性。为了洞悉创业支持举措的差异性，案例选择既考虑多案例分析的逻辑复制，又考虑案例间的差异。借鉴麦克亚当等（2018）提供的从不同层面入手克服结构性制度空洞的思路，在选取案例过程中既关注到了支持举措的层次共性，也关注到不同支持举措的特殊性。经过筛选，最终选出 10 个案例作为研究样本。所选案例创业时间在三年以上，创业经历较为完整。而且案例中创业者有 3 名女性和 7 名男性，所在地区分布较广，包括重庆、北京、陕西、内蒙古、云南、新疆、浙江、贵州、河南、青海等，从事包含养殖、种植、加工和销售等在内的多种业务，具有较好的外部效度（见表 4-2）。

① 《致富经》2018 年共播出 224 期，其中有 38 集重复播出和 8 集特别节目；2017 年共播出 223期，其中有 35 集重复播出和 7 集特别节目；2016 年共播出 230 期，其中有 24 集重复播出和 5 集特别节目；2015 年共播出 222 期，其中有 39 集重复播出和 9 集特别节目；2014 年共播出 226 期，其中有 56集重复播出和 6 集特别节目。数据整理自节目官方网站：http://tv.cctv.com/lm/zfj/videoset/。

表 4 - 2　　　　　　　　　　　　　　样本基本情况

代码	性别	区域	业务	创业梗概
FX	女	重庆	水产养殖	因梦想养殖大闸蟹独自去往阳澄湖拜师学艺,多番磨砺后学成回乡创业。农委帮助协调场地后,又从受训供应商处购得蟹苗。家人鼎力相助下螃蟹长成,在餐饮协会与当地媒体推介下打开销路,成为当地山顶养蟹第一人。
CWG	男	北京	水果种植	听取专家意见抛弃旧观念,科学培育大棚草莓。严把食用安全与品控关并试验新品种,采摘园人气爆棚。接受质量、规格的"苛刻"条件,向知名蛋糕品牌供应小草莓。借势北京农业嘉年华免费发放草莓,宣传采摘园。
SHL	女	陕西	特产加工销售	欲收购柿饼出口国外却因先前生意失败不被农户信任。当地村支书协调下,成功收到柿饼交付订单而打开局面。成立合作社实施保护价收购,柿饼制作借鉴古法兼现代改良,在行业内独树一帜。产业链不断延伸,开发出柿子醋、柿子茶等系列产品。用每年50多天的柿饼收季创造出千万财富。
WDL	男	内蒙古	特色养殖	曾投资失败而负债十年,希望借牧鸡灭蝗项目一举翻身。准备充分,思路清晰,打动农牧局负责人授予项目。灭蝗任务顺利完成,珍珠鸡却因手续不全不得买卖。补办手续后得到客户批量订购,珍珠鸡顺利进入正式市场。
CYX	女	云南	坚果种植销售	从澳洲坚果权威专家处了解市场前景后开始规模化种植。封闭的村民恐惧新事物而破坏种植基地,村支书亲身示范化解抵触情绪。政府帮助下种植全面铺开,因企业规模与规范化,制定了坚果果仁生产的国家行业标准。
JHH	男	新疆	乳品加工	在新疆偶然发现驼奶商机,计划振兴当地驼奶产业。花费五年时间建厂研发,却因尚无驼奶质量标准可依而无法生产。质量技术监督局局长助力下制定出全国首个驼奶生产的企业标准,终获生产许可证。为推销产品参加北京农博会,遂与各地客户、经销商建立联系,逐渐打开全国高端奶市场。
SJP	男	浙江	肉类养殖	农业考察时结识外国专家并得到如何培育高品质猪肉的指点,实施过程中未严格执行专家意见而暴露问题,遂转变思维重视科学养殖。此后建起达到欧盟标准的养殖场并引入先进管理理念,养殖的猪肉不仅连续三届登上世界互联网大会餐桌,猪粪等排泄物还被加工成炭棉等环保产品。
RC	男	贵州	肉类养殖	厌倦务工,与妻子返乡养殖小尾寒羊。初见成效后想通过给农户发种羊回收羊羔的方式扩大规模,因未签合同且难以监管导致失败。在农牧局技术员指导下建立养殖小区并与养殖户签订协议,保障回购的羊供应正式市场。
DK	男	河南	水果种植	看中皮脆瓤甜的小西瓜商机,凭合伙人种植技术借来瓜地,靠销售人气借来卖货档口,依照统一管理与销售借来种瓜散户。一路靠"借"的背后是以自身经验技术换取所缺资源的独特商业模式。创业四年,不仅借出一个种瓜产业还借出千万财富。

代码	性别	区域	业务	创业梗概
CS	男	青海	特色水果种植	凭借独特树莓品种在国际树莓节一鸣惊人，引得众多专家到青海基地考察并为其打开国际树莓市场大门。为扩大规模说服扶贫开发局长获得项目扶持。不料试种种苗发生死亡造成农户信任危机，通过偿付地租补种苗等措施解决危机后赢得机会，将树莓打造成当地特色农业产业。

注：数据收集截止到 2018 年 12 月 31 日。
资料来源：笔者自制。

根据三角验证原则，相关数据收集尽可能从多个渠道获取多元化的证据来源。本研究的数据收集过程分三个步骤展开。第一步，将 10 个选中样本的视频资料进行逐字转录和分析。第二步，通过网络上至少两个搜索引擎搜寻和分析样本企业和创业者的相关信息，包括公司大事记、新闻报道、媒体评论和政府的官方信息等以及中国知网、万方数据库和维普数据库中相关的电子期刊与报纸资料。[①] 第三步，对所有数据进行整合、补充，并进行归档整理。

4.2.3 数据分析

本研究由笔者及熟悉扎根理论方法的另外 2 位研究员分 3 个阶段对数据进行分析。

第一阶段，场景提炼。根据分析性归纳的思想和持续比较的原则（Suddaby，2006），将正规化阶段性特征显著且具有相对完整的情境作为基本的分析单元，从转录的资料中抽取相关度较高的 52 个场景。场景提炼的线索主要有：（1）农民创业者如何参与非正式市场；（2）他们怎样进入并融入正式市场；（3）在正规化过程中出现了哪些创业支持者及支持举措；（4）创业支持者及支持举措对正规化过程产生了怎样的影响。

第二阶段，数据编码。参照斯特劳斯和科宾（1998）的研究方法对数据进行三级编码，编码过程严格遵循扎根理论范畴归纳和模型构建步骤，对资料进行概念化和范畴化。（1）3 位研究员分别对转录稿中抽取出的场景进行编

---

① 用于三角验证的材料共分两类：（1）包括公司大事记、新闻报道、媒体评论和政府的官方信息等媒体资料共 34 份；（2）中国知网、万方数据库和维普数据库中相关的电子期刊与报纸资料共 37 份。

码，提取数据中的相关概念，即开放性编码。这一阶段尽量使用实境编码（即转录稿原文），同时注意排除理论框架和个人偏见的干扰。（2）运用三角验证法将获得的实境编码与其他渠道获取的资料进行印证。经过筛选与浓缩后，共得到 196 条反映初始概念的聚焦编码。运用持续比较法对这些零散的概念进行比较和提炼，将聚焦编码重新拆分或合并，实现概念范畴化，最终产生出 23 个范畴（一阶概念）。（3）对不同的范畴使用轴向编码，根据"条件－行为－结果"的范式，寻找一阶概念之间的内在联系，将其归纳为代表研究者分析思路且具有理论特征的 12 个主范畴（二阶主题）。各二阶主题对应的一阶概念以及聚焦编码具体见表 4－3。（4）进行选择性编码。根据二阶主题间的内在逻辑关系将其合并，形成聚类维度。将"促进个体层面变革""促进网络层面变革""促进系统层面变革""提升创业支持系统稳定性""农民创业正规化良性循环"等核心范畴（聚类维度）确定下来。其中蕴含的基本关系是：创业支持系统能够促进创业者在个体、网络、系统三个层面的变革，而提升创业支持系统稳定性有助于上述变革的实现，由此产生当地市场发展、制度完善、创业者角色转变等结果，最终形成农民创业正规化良性循环。

表 4－3　　　　　　　　　　　　　　　编码结果

二阶主题	一阶概念	聚焦编码（部分示例）
问题诊断	指标检测	大棚种草莓盲目施肥，一次使用五年量－CWG
	说明问题	请专家为培养高品质猪肉提意见－SJP
前景展望	描绘产业前景	获悉澳洲坚果在国际市场供不应求－CYX
	先进示范	荷兰猪场考察获得经验－SJP
提供咨询与培训	技术、信息咨询	借鉴竹炭技术提取猪粪生物炭－SJP
	实际操作训练	涵盖大闸蟹养殖关键活动的培训－FX
关系变更	改变社会网络关系性质	家人倾力支持－FX；岳父、岳母转而支持创业活动－RC
	开发创业网络关系	帮助收购农户的柿饼－SHL
关系协调	与正式客户/供应商建立联系	转承树莓国际订单－CS；分享销售渠道－DK；推介宣传，促进大闸蟹销售－FX
	关系正式化	协调创业者与农户签订收购协议－RC
规则推行	引入新规则	助力制定全国首个驼奶生产企业标准－JHH
	监督规则的执行	考察养猪意见执行情况－SJP

续表

二阶主题	一阶概念	聚焦编码（部分示例）
基础建设	物质基础建设	授予特色农业产业项目扶持 – CS
	组织基础建设	促成"公司＋农户"组织形式 – CS
增强相互依赖性	加强个体与网络层面支持举措的内在关联	让农户到小区集中养殖并与之签订收购协议 – RC；在村支书协调下，以指导种植技术且保价回收为条件整合种瓜散户 – DK
	利用系统层面支持举措强化个体与网络层面支持举措	制定并执行澳洲坚果果仁生产标准，规范从国外专家处引入的创新做法且巩固县政府对龙头企业的扶持 – CYX
把握时间敏感性	支持举措作用时机	准备充分后夺取牧鸡灭蝗项目成功 – WDL
	支持举措作用持续期	积极应对试点期间危机以防扶持项目失败 – CS
当地市场发展	新技术与生产实践的物质嵌入	科学培育大棚草莓，严把食用安全与品控关 – CWG；现代技术改良柿饼制作工艺，率先在行业内采用分级销售 – SHL
	新型关系实践的社会嵌入	成立合作社实施柿饼保护价收购 – SHL；与各地客户、经销商建立联系，逐渐打开驼奶全国市场 – JHH
制度完善	正式制度环境塑造创业成长	驼奶生产的企业标准激活市场供给，进而盘活整个骆驼产业 – JHH
正规化后转变角色	基于回报精神指导其他创业者	对来访者分享创业经验 – DK；为其他农民创业者提供树莓苗和种植技术并负责回收熟果 – CS
	带动产业相关农户进入正式市场	提供技术、保价回收以带动农户种植澳洲坚果 – CYX；带动农户养羊，荣膺当地返乡农民工创业致富带头人 – RC

注：引用编码后的字母表示代码所属案例，如 – CS 表示出自案例 CS 的聚焦编码，下同。
资料来源：笔者自制。

第三阶段，数据检验。为了保证数据编码的可靠性，3 位研究员共同对编码后的数据进行整体校对，包括检验理论饱和度与信度。通过对初步选定的 24 个案例中其他 14 个进行理论饱和度检验，没有得到新的主题和维度，因此本研究的编码已达到理论饱和。然后分两步对数据分析结果进行信度检验。第一步，同辈检验（Corley and Gioia，2004）。在 3 位研究员收集和整理数据的同时，邀请不参与本研究但熟悉扎根理论的人员从整体上进行把握，指出数据收集中存在的不足之处并在更广的范围内考虑如何整理这些数据。第二步，编码者一致（Gioia et al.，2013）。（1）3 位研究员分别将所得的聚焦编码交给另一位，让其进行归类，由此可计算出聚焦编码与一阶概念之间的编码一致性。经过计算，[1] 3 位编码者一致的程度达到 0.85，高于 0.8 的可接受水平（Gioia

---

① 详细计算步骤请参阅 Gioia et al.，2013。

et al., 2013）。（2）再将一阶概念及定义等相关内容交付 3 位受邀人员请其分别整合二阶主题（见图 4-1）。完成整合后，计算一阶概念与二阶主题间的编码一致性为 0.82，亦达到合意水平。最后对所有存在的差异进行讨论直至达成一致意见。对于数据分析所得概念、主题等相关范畴及其相互关系将在后文中进行阐述。

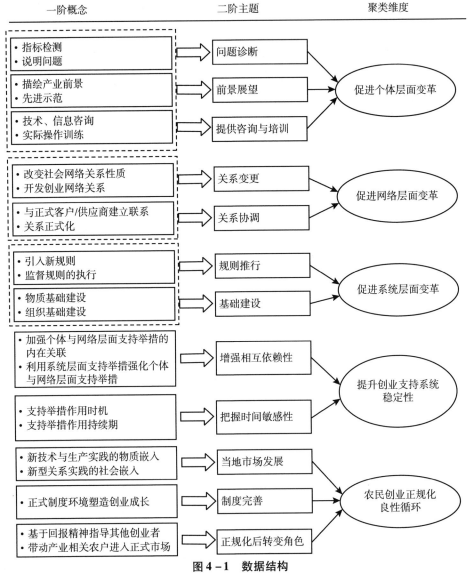

图 4-1　数据结构

注：三个虚线方框中的内容分别是个体层面支持举措、网络层面支持举措和系统层面支持举措。
资料来源：笔者自制。

4.3 创业支持系统的作用机制分析

在本案例研究中，创业支持系统由创业支持者及其支持举措两大要素构成。案例中共出现了四类创业支持者，分别为私人、学术、政府、非政府组织。私人创业支持者既可指来自创业者社会网络中的亲友，也可以是来自创业网络中的客户、经销商和供应商；学术型创业支持者主要包括高校、科研院所及其中从事科研工作的人员；各级农业管理部门与技术推广部门属于政府类创业支持者；非政府组织类则包括各种行业协会、商会等民间组织及其参与成员。上述支持者通过不同的举措对农民创业者实施具体化的支持，譬如，农技专家以免费提供建议的方式进行技术支持；农业部门以产业基金的方式提供资金支持等。特定支持者能够实施多种举措，而某项支持举措也可能由多个支持者施行。案例分析表明，多种支持举措在个体、网络和系统层面聚合，形成相互关联、相互制约的系统结构（如图4-2所示）。在各层面支持举措的相互影响下，该系统形成统一的整体共同作用于农民创业正规化的过程。

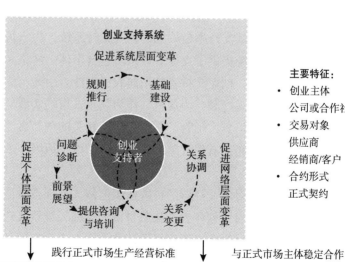

图4-2 创业支持系统在农民创业正规化过程中的桥梁作用

资料来源：笔者自制。

结合相关研究结论（张文歌等，2020）与案例分析结果，农民创业正规化过程包含两个主要阶段：进入与融入正式市场。前者以农民创业者开始实践与正式市场预期相符的做法为标志；后者指农民创业者成立公司或合作社，并与正式市场供应商、客户/经销商建立稳定的合作关系。该过程伊始，创业支持者试图为非正式市场中的农民创业者引入新的认识、观念和行为规范，促进创业者在个体和网络层面的变革。这些变革旨在引入与正式市场预期相一致的做法，提高生产效率以及农产品的产量与质量。随着过程的深入，创业支持者帮助农民创业者完成物质与组织基础建设并推行新的正式规则，改变其所接受的系统性制度安排，即促进系统层面的变革。"泛中介"的创业支持系统为农民创业正规化搭建起一座桥梁。本节将重点描述该系统如何促进个体、网络、系统层面的变革。随后，阐述增强相互依赖性和把握时间敏感性有助于提升创业支持系统的稳定性，并更好地推动变革实现。最后，表明完成变革后的结果，即市场发展与制度完善以及创业者角色的转变，最终形成农民创业正规化良性循环。

4.3.1 促进个体层面的变革

创业支持者及其支持举措构成的创业支持系统，为农民创业者实施变革以进入并融入正式市场提供了支撑。该系统包含个体、网络和系统层面的支持举措。在个体层面上，创业支持者试图向农民创业者引入与满足正式市场要求做法相一致的认识、观念和行为规范，作为其正式市场实践的行为基础。正规化需要实践与繁育、培养、辅管、防疫等活动相关的创新做法。该类实践与非正式市场的现行做法相比有很大差别，而且出于以下原因，农民创业者难以做出变革。

首先，创业者对农业经营的传统认识已嵌入其现行做法，譬如，土地经营权和畜禽所有权对农民创业者意味着身份的象征，导致其对土地和牲畜产生情感依恋。为此，农民创业者不愿采取某些技术上更为有效的生产实践，比如淘汰产能低的畜群。类似地，农民创业者做出投资决策时，往往不从经济上合理的角度来评估成本和收益（马良灿，2014）；相反，他们更看重传统经营方式所赋予的象征意义（Friedland and Alford，1991）。

其次，进入正式市场的相关质量要求也不同于非正式市场。要达到正式的市场标准就需要加强对人员和设备的投入，并对生产过程中的具体做法进行彻底变革。然而，由于非正式生产对农产品的质量要求不高，参与其中的农民创业者普遍接受生产低质量产品的做法。况且，农民创业者为高质量生产进行投资具有高度不确定性。考虑到他们普遍处于贫困状态，损失的出现将加剧经济脆弱性，这就导致其"模糊风险厌恶"（对未知风险的厌恶程度高于已知风险）的行为特征突出（Ahsanuzzaman，2015），因此农民创业者不愿抛弃传统做法。本研究发现，创业支持者采用三种不同的举措——问题诊断、前景展望、提供咨询与培训克服上述障碍，促进个体层面变革的发生。表 4 - 4 给出了说明性的数据。

表 4 - 4　　　　　促进个体层面变革的代表性数据及相关范畴

范畴		聚焦编码	代表性数据
问题诊断	指标检测	大棚种草莓盲目施肥，一次使用五年量 - CWG	直到失败了第 5 次，崔某这下可急出来一身汗……崔某："有个专家路过，我就找人家来看一下，人家说我一次就使了 5 年的肥。"听了专家的办法，草莓得了救，崔某这才意识到，种地不再是体力活，更需要科学技术，自己那些旧观念早就过时了。（CWG - 2）
	说明问题	请专家为培养高品质猪肉提意见 - SJP	当时沈某结识了原比利时饲料协会主席马克（Mark），他特意请马克给自己回国养猪提意见，当时马克提出了 20 多条意见，包括改善猪窝里的温度、饮用水、饲料不添加抗生素、建设现代化养殖场综合改善猪舍的环境等。（SJP - 3）
前景展望	描绘产业前景	获悉澳洲坚果在国际市场供不应求 - CYX	约翰（John）国际数一数二的澳洲坚果权威专家。由于工作关系两人认识后，陈某才真正了解澳洲坚果，而且发现了隐藏的一个巨大商机。由于澳洲坚果对气候有要求，全球种植的也不多，因此在国外高端市场供不应求。（CYX - 2）
	先进示范	荷兰猪场考察获得经验 - SJP	2012 年沈某去荷兰参加了一次农业考察，考察中的一件事让他很震惊。在荷兰，一个正在读大学的小姑娘利用周末业余时间养了 300 多头猪，猪场里还是干干净净的……在荷兰，沈某发现一头猪竟然可以细分出来 11 个部位销售，每个部位有不同的吃法。（SJP - 3）

范畴		聚焦编码	代表性数据
提供咨询与培训	技术、信息咨询	借鉴竹炭技术提取猪粪生物炭 – SJP	钟某是国家林业局竹子研究开发中心的博士，是研究竹炭的专家。有一次沈某从钟博士这里了解到竹炭，他想既然竹子能加工成炭，那么猪粪怎么不能加工成炭？他把自己的想法告诉了钟博士，钟博士经过多次试验最终用猪粪加工出炭来。（SJP – 5）
	实际操作训练	涵盖大闸蟹养殖关键活动的培训 – FX	徐某打破惯例主动提起要正式收樊某为关门弟子，决定把所有的技术秘密都交给这位孜孜不倦、虚心学习的徒弟。一个毫无保留地教，一个如饥似渴地学，跟着恩师学习两年后基本掌握了大闸蟹的全部养殖技术。（FX 补充材料①）

注：代表性数据后的字母和数字表示所属案例及场景，如 CWG – 2 表示数据出自案例 CWG 的第 2 个场景，下同。

资料来源：笔者自制。

1. 问题诊断

问题诊断是为了改变农民创业者对所参与非正式市场活动的认识，激发其对变革的需求。问题诊断属于一种信号显示，是用来识别当前制度下实践缺陷的策略（Benford and Snow，2000）。虽然信号显示可以泛指识别现存制度安排中不合意之处，但本研究将"问题诊断"术语化，聚焦由非正式市场规范所导致的与经营有关的问题（Benford and Snow，2000；Battilana et al.，2009）。该举措旨在帮助创业者识别从前未加考虑的绩效问题，而对绩效不佳的觉察将激发制度变革（Greenwood and Suddaby，2006）。如崔某案例中，专家诊断大棚种植草莓接连失败是其盲目施肥所导致，使其抛弃旧观念开始依靠科学种植。

问题诊断为创业者重新认识农业经营提供了全新的视角。如沈某案例中，在向专家马克（Mark）请教技术问题时，马克建议沈某转型培育高品质猪肉。不仅如此，马克还为沈某养猪提出若干有价值的意见。通过问题诊断传递的新信息旨在拓展农民创业者对农业经营的认知边界，促进创业者对新技术与生产实践的采纳，进而提高农产品产量与质量。随着创业者愈加认识到非正式生产所面临的问题，他们更愿意进行必要的投资以实践正式市场要求的做法。

---

① 参见蒋明健：《大闸蟹养殖带动山区农民脱贫致富》，《农家科技》，2018 年第 11 期，第 39 页。

2. 前景展望

作为对问题诊断的补充，创业支持者向农民创业者描绘产业前景以加深其对正式市场的认识，激励创业者采纳创新做法。本案例研究将此举措称为"前景展望"。前景展望与动机创造有相似之处，因其为农民创业正规化道路指明了方向（Benford and Snow，2000）。然而动机创造可以泛指一系列举措，如诱发需求、义务感召等（Fligstein，1997）。而此处的"前景展望"具体指在农民创业者已接受为进入正式市场做出必要改变的前提下，创业支持者如何助其看待可能的发展前景。前景展望帮助创业者构思产业未来发展的多种可能，并使其相信自己有能力去完成改变。如陈某案例中，专家约翰（John）对澳洲坚果国际市场供需与种植技术的介绍使陈某了解到巨大的市场前景以及采纳与正式市场预期相符做法所能获得的收益。

前景展望通过帮助农民创业者充分认识改变经营方式带来的潜在收益，促使其进入正式市场。除了创造愿景，该举措还有助于克服农民创业者因"模糊风险厌恶"导致对新市场活动的畏惧心理。由于支持举措的社会属性，农民创业者更有可能信任创业支持者，并效法新的实践方式。当创业者更清楚地了解到经营所面临的问题且开始设想产业前景，他们将更容易接受创业支持者提供的新做法。

3. 提供咨询与培训

总体而言，问题诊断、前景展望、提供咨询与培训代表着创业支持者的理论化努力，或者说"将想法转化为可供理解的、令人信服的范式"（Greenwood et al.，2017）。问题诊断与前景展望使创业者产生变革想法后，创业支持者通过提供咨询与培训的方式助力创业者达到正式市场预期。问题诊断和前景展望指明了传统做法的失败原因与改进方向，即改变了农民创业者的价值观念。咨询与培训真正从具体做法上为创业者提供可操作的指导，进而建立起新的理性认识和行为规范。如樊某案例中，供应商徐某为其提供的培训内容囊括了网箱安排、饲料、种植水草、蟹苗繁育等大闸蟹养殖关键领域的实践活动。该培训方式强化了与正式市场预期相符的做法并解决了实施过程中的疑难问题。

创业支持者通过咨询和培训使农民创业者采纳了正式做法，最终助其达到正式的市场标准。如沈某案例中在环保局要求养殖企业排污治理的压力下，沈某向钟博士提出猪粪处理技术咨询，后者借鉴竹炭提取思路经过反复实验从猪粪中加工出生物炭。沈某随即引入相关设备并改良工艺最终形成批量生产，将猪粪转化成炭棉和有机肥等环保用途产品，不仅提高了猪粪的附加值，而且为猪场成功达到国家排放标准、进入正式市场提供了坚实的技术支撑。

4.3.2　促进网络层面的变革

创业支持者致力于促进网络层面的变革，助力形成并维持农民创业者进入并融入正式市场的必要关系。非正式市场中农产品销售是靠关系维系的，而此类关系则是由非正式认识、观念和行为规范所支撑的。由于个人经验和声誉是交易的基础，买家不愿向不熟悉的农民创业者采购，因此限制了交易数量。此外，农民创业者通常利用其社会关系寻求建议、解决问题以及获取资源（潘安成和李鹏飞，2014）。由于这些关系建立在家庭亲缘、社区从属和宗族背景的基础上，所以经由该类渠道传播的信息、援助和资源是为了帮助农民创业者维系非正式的生产方式，对创业者达到正式市场的质量和效率标准的作用甚微。此类关系的管理规范也是非正式的，或者说它们未被正式的第三方所系统化和标准化（North，1991）。

因此，创业支持者试图促进创业者在网络层面做出变革，特别是，创业支持者试图改变支撑关系的认识、观念和行为规范，激励农民创业者采纳新的关系实践，使其能够获得与正式市场标准相一致的建议、援助和资源。创业支持者通常采用两种举措来促进变革：关系变更与关系协调。表4-5给出了说明性数据。

表4-5　　　　　　　　促进网络层面变革的代表性数据及相关范畴

范畴		聚焦编码	代表性数据
关系变更	改变社会网络关系性质	家人倾力支持 - FX	樊某的父母把全部的积蓄20万元拿出来，支持女儿养大闸蟹创业。让樊某没想到的是，20万元投进去根本不够，最后把留给弟弟结婚的房子也卖了。弟弟："我说你们都能这样坚持住，哪怕以后没房住，这里也可以住人啊。"（FX-3）
	开发创业网络关系	帮助收购农户的柿饼 - SHL	当时王某是贾坡村的村支书，全村100来户人家都加工柿饼，卖到农贸市场，销量有限价格也不稳定，王某急着给大伙找柿饼的新出路。王某："我感觉她有眼光，她能招来好多客商。我感觉她是一个女强人，非常有头脑，希望她做大做强，对我们果农的话就没有销售这方面的顾虑了。"（SHL-4）

范畴		聚焦编码	代表性数据
关系协调	与正式客户/供应商建立联系	转承树莓国际订单 – CS	会议之后，很多专家主动来到青海考察。这些过来考察的专家也为常某打开了国际树莓市场的大门。专家："我们拿到很多的国际订单，所以销路这一块目前来说是肯定不成问题。就他的果子我们基本上是百分之百来收购的。"（CS – 4）
	关系正式化	借势宣传采摘园 – CWG	虽然嘉年华的组织者会给予一定的补贴，但还是远远不够成本。他之所以这么卖力地免费发放草莓，都是因为一张小卡片。崔某："宣传我们采摘园，让大家去采摘。"（CWG – 1）
		协调创业者与农户签订收购协议 – RC	为了实现自己规模化养羊，冉某向县农牧局的技术人员学习养殖技术和管理经验，建立养殖小区，让农户到他的养殖小区集中养殖，和养殖户签订收购协议。（RC – 5）

资料来源：笔者自制。

1. 关系变更

关系变更是为正规化调动支持并消除阻碍的一种方式（Fligstein，1997）。改变关系实践既包括改变原有网络关系的性质，也包括寻求网络关系的实际变革。例如，创业支持者很可能脱胎于家庭关系，农民创业者的配偶和父母、子女等最先对正规化的努力表示支持。值得注意的是，家庭成员此时的支持有别于传统的援助行为，因其目的在于帮助打破非正式市场的生产方式并达到正式市场的生产要求。所以，家庭成员作为创业支持者改变了创业者原有网络关系的性质，为农民创业者进入正式市场提供了与变革一致的支持。家庭成员作为创业支持者提供物质和精神上的支持成为案例中反复出现的概念（案例樊某、冉某等）。

创业支持者试图改变关系实践的另一种方式是将创业者既有社会网络关系纳入其创业活动，建立新的创业网络关系。农民创业者为顺利进入正式市场必先突破原有非正式市场中的网络关系限制，建立新的创业网络关系。因此，创业者尽可能游说身边有意愿的农户加入其创业网络。但通常情况下，农户对创业者的实力持怀疑态度，进而采取等待观望策略。此时就需要创业支持者凭借其声望与能力帮助创业者建立创业网络。如石某案例中，王某帮助石某取得农户信任，顺利收到农户的柿饼完成订单交付。此时创业支持者在塑造创业网络关系上发挥积极作用，为原有网络关系带来实际变革。

2. 关系协调

不同于为正规化调动支持或减少阻碍，关系协调涉及指导农民创业者践行实质性的集体行动。此类关系实践以信息共享、分工合作、密切联系价值链上下游成员等新的认识与行为规范为基础。具体做法包括农产品协调运输、集中仓储、统一销售以及与正式市场的原料供应商和客户建立联系等。由于农民创业者与产业相关农户在集体行动中分享所得知识和经验，不断提升其社会化生产与经营能力，进而保障了规模化的高质量产出（Fafchamps，2017）。如冉某案例中，县农牧局协调农户到冉某的养殖小区集中养殖小尾寒羊，并和冉某签订收购协议。"公司＋农户"订单式养殖协议的签订不仅保证了冉某顺利回收商品羊，更标志着创业者与农户新型网络关系的正式化。

为促进其顺利融入正式市场，创业支持者主动协调创业者与正式客户和供应商建立联系。各类农博会、推介会、对接会以及涉农产业创业赛事等均为农民创业者与正式市场中的客户和供应商建立联系提供了平台。事实上，不论由公共机构还是私营机构举办，当主办方具备价值共创理念并强调助力农业产业发展时，上述活动均可为创业者向正式市场拓展销路提供支撑。如崔某案例中，作为北京农业嘉年华供货商，崔某借为游客免费提供草莓之机宣传推广其采摘园。此外，创业支持者还能为创业者与正式客户建立合作关系提供更直接的支持。如常某案例中，专家考察并认可其树莓质量后，为常某提供了诸多国际订单。

4.3.3 促进系统层面的变革

由创业支持者及其举措构成的创业支持系统还涉及规则推行与基础建设等系统层面的投入，旨在为创业者融入正式市场提供激励、监督以及市场联系。表4-6给出了说明性数据。

表4-6 促进系统层面变革的代表性数据及相关范畴

范畴		聚焦编码	代表性数据
规则推行	引入新规则	助力制定全国首个驼奶生产企业标准 - JHH	当时叶某是刚刚分管食品安全的昌吉回族自治州质量技术监督局副局长，他被深深震撼了。叶局长看好驼奶产业，肯定会造福一方百姓。他决定帮助江某，经过历时一年多的研究论证，终于制定出了全国第一个驼奶生产的企业标准。（JHH-4）

范畴		聚焦编码	代表性数据
规则推行	监督规则的执行	考察养猪意见执行情况 – SJP	沈某觉得自己养猪要成功了，他邀请马克（Mark）从荷兰来猪场考察。马克一来到猪场就非常生气。马克："我那时很失望，我很想改变它，但是他们不听取我的建议，我说是的，他们觉得不是、没必要，但是我坚持我建议的这些措施是很重要的。"（SJP – 3）
基础建设	物质基础建设	授予特色农业产业项目扶持 – CS	2011 年 8 月，常某找到一个突破口，成功说服当时海东市扶贫开发局局长李某，一年内推广树莓基地一万亩，并获得两千多万元的项目扶植。常某："我们为什么要选择这个脑山地区来作为突破口？就因为这样的区域是政府最头疼的一个区域，这区域没有产业可做。"但是树莓在这样的高海拔地区也能生长。（CS – 5）
	组织基础建设	促成"公司 + 农户"组织形式 – CS	2012 年 4 月，在海东市扶贫局的帮助下，常某在互助县的 10 个村庄先行试点，推广树莓种植基地 5000 亩，一年1000 元一亩的地租。此外，扶贫局还对参与种植树莓的贫困户进行资金扶持。（CS – 5）

资料来源：笔者自制。

1. 规则推行

为了帮助农民创业者达到正式市场所要求的标准，创业支持者引入、推行并监督执行一系列规则。这些规则在某种程度上随创业者与支持者在共同实践过程中积累的经验而不断发展，以应对农民创业者所处特定行业与情境的具体要求。规则的引入和推行加强了个体和网络层面的新实践，并建立起融入正式市场所必需的激励和约束（Webb et al.，2013）。如江某案例中，江某要生产骆驼奶必先从国家质量技术监督局申请生产许可证。而当时国家尚无关于骆驼奶生产的任何标准，江某处在无规可依的困境。在当地质量技术监督局副局长叶某的助力下，制定出全国首个驼奶生产的企业标准。

创业支持者还通过访问、考察等方式对农民创业者执行规则的情况进行检查。检查通常揭示了规则被误解或未被执行的情况，使得创业支持者能够为农民创业者提供更直接的帮助。如沈某案例中，首批小猪繁育成功后他邀请专家马克（Mark）来猪场考察。然而，马克提出的意见中沈某仅采纳了不使用抗生素的一条。马克坚持自己建议的措施，并断言猪场必然出现大问题。果不其然，首批小猪死亡 70% 的打击使得沈某高度重视并严格执行起专家的意见。

2. 基础建设

创业支持者在联系农民创业者与正式市场所需的物质基础和组织基础建设

上积极投入。基础设施有效降低了向正式市场出售产品的相关交易成本，利于创业者与正式客户建立稳定合作关系从而顺利融入正式市场（Webb et al., 2014）。正式客户对采购的农产品往往有特定的质量和数量要求，并在合同中给予明确规定。为了实现规模化标准化生产，相关的基础设施投入必不可少。如常某案例中，为扩大种植面积以满足供货要求，常某向当地政府申请发展特色农业产业的项目扶持，扶持内容包括建设树莓种植基地5000亩，划拨专项资金2000多万元。该项目为常某实现规模化生产奠定稳固的基础。

除物质基础建设以外，创业支持者还尽可能协调组织基础的建设。创业者为实现规模化生产需要建立"公司＋农户""合作社＋农户"等社会化的生产组织形式。上述组织形式不仅便于管理与正式客户及原料供应商的关系，还有利于组织内部规则的制定、执行和监督，从而在减少交易成本方面发挥重要作用（North，1991）。创业支持者可在创业者与农户间斡旋，促成合作社的建立或"公司＋农户"合约的签订。如常某案例中，在当地扶贫局的协调下，常某的公司与互助县10个树莓种植试点村庄达成每亩1000元的年租金协议并签订树莓保价回收协议。此外，扶贫局还对参与种植树莓的贫困户进行资金扶持，促成"公司＋农户"组织形式的确立。

综上所述，在创业支持系统对农民创业正规化的作用机制当中，促进个体层面的变革是基础，促进网络层面的变革是支撑，促进系统层面的变革是保障，三者共同推动农民创业正规化的进程。

4.4 提升创业支持系统稳定性

通过案例发现，网络层面的变革往往伴随着个体层面的变革而发生，系统层面的变革则与个体、网络层面的变革交织在一起。当各层面的支持举措紧密关联时，创业支持系统促进上述变革的作用将得到充分发挥。因此，本节重点阐述如何提升创业支持系统的稳定性。

从助力创业者在不同制度领域之间跃迁、实现创业发展的角度看，不同层面的支持举措是相互关联的。但创业支持系统的结构本质上具有脆弱性，原因如下：首先，创业支持者以分散且基本独立的方式支持着创业发展，不同支持举措间的内在相关性较弱，换言之，创业支持者之间很可能不存在直接联系，是因为共同对创业者施行支持举措而形成客观的协同关系；其次，萨克斯顿等（2016）指出创业支持行为具有时间敏感性，即行为的发生时点与作用时间对支持效果有重要影响。在单一制度中介作用下，由特定组织（NGO 或孵化器）负责制定和管理与创业发展同步的时间方案，能够充分把握支持行为的时间敏感性（Mair et al.，2012；Dutt et al.，2016）。而本研究中的创业支持系统是由多主体构成的"泛中介"，缺乏强有力的组织对各项支持举措进行计划管理，无法从时间敏感性上保障支持举措的效果。

虽然系统本身存在脆弱性，但案例证据显示，当农民创业者准备充分且着意投入资源和精力时能够充分发挥各项支持举措的效果。朱利迪克等（2018）的研究结论表明，创业支持举措的效果在一定程度上取决于创业者为支持方案所做的准备和投入程度。要使创业支持举措展现出对创业发展的影响，必须有创业者的积极承诺与系统参与，因为动态能力是在支持者与创业者的有效交互中形成的（卢启程等，2018）。因此，创业支持系统虽为正规化创造了有利条件，但只有在各项支持举措得到及时整合，系统更加稳定的情况下三个层面的变革才可能顺利实现。接下来从增强相互依赖性与把握时间敏感性两方面阐明农民创业者如何提升创业支持系统的稳定性。表 4 - 7 给出了说明性数据。

表 4 - 7　　　　　提升创业支持系统稳定性的代表性数据及相关范畴

	范畴	聚焦编码	代表性数据
增强相互依赖性	加强个体与网络层面支持举措的内在关联	在村支书协调下，以指导种植技术且保价回收为条件整合种瓜散户 - DK	杜某让利给农户，说如果跟他合作，只要农户按照他的方式种瓜，他不仅能保证卖出去，还能保证比市场价高 1 倍……很多农户看到用杜某的方法，干活轻松，瓜也长得好，都主动加入了杜某的种瓜队伍。（DK - 5）
	利用系统层面支持举措强化个体与网络层面支持举措	制定并执行澳洲坚果果仁生产标准，规范从国外专家处引入的创新做法且巩固县政府对龙头企业的扶持 - CYX	由于她的种植规模和规范化，2011 年初，国家林业局把制定澳洲坚果果仁生产行业标准的任务下达给了陈某的企业。该标准于同年发布执行。如今，她和她的团队建立起了世界第一大澳洲坚果育苗基地，建立起全国澳洲坚果林业标准化种植示范区，建成现代化的坚果加工厂，奠定了澳洲坚果全产业链的技术支撑体系。（CYX 补充材料①）

---

① 参见李亮：《创富英雄个个历经坎坷　不经历风雨怎能见彩虹》，《现代营销（创富信息版）》，2015 年第 1 期，第 41 页。

范畴	聚焦编码	代表性数据
把握时间敏感性	支持举措作用时机	准备充分后夺取牧鸡灭蝗项目成功 - WDL	为了吸取以前盲目投资的经验教训，王某还事先在网上搜索了各地牧鸡灭蝗失败的案例，从中总结出自己的灭蝗思路。王某找到包头市农牧业局的相关负责人，讲了自己对灭蝗的想法，清晰的思路一下打动了对方，当下决定提供12000羽珍珠鸡，让王某在30万亩的试验地上试验牧鸡灭蝗。（WDL - 3）
	支持举措作用持续期	积极应对试点期间危机以防扶持项目失败 - CS	扶贫试点5000亩，1500亩出现了问题，如果不及时解决，以后再想推广，就很难进行。四个月时间，常某说服股东重新凑了400多万元，偿还了村民的地租，并将1000亩的北山基地三分之二转换为苗木基地，为1500亩地重新种植提供种苗。（CS - 6）

资料来源：笔者自制。

4.4.1 增强相互依赖性

相互依赖性指的是创业支持系统中各项举措的有效性将影响到系统内部的其他举措。增强这种相互依赖能够使整个系统变得稳定。换言之，创业者若能有效整合各项举措就能最大限度地发挥支持系统的作用。如樊某案例中，樊某规模化养殖大闸蟹第一年便初见成效，这不仅得益于正式市场供应商的培训与种苗（促进个体变革）、餐饮协会与当地媒体的宣传推介（缔结新客户关系）、乡政府与农委的场址提供与设施建设（强化系统），更有创业者有效整合各方举措的作用增益。

增强支持举措间的相互依赖性主要有以下途径（见图4 - 3）。首先，加强个体与网络层面支持举措的内在关联。例如，杜某借用从种瓜能人吴某处学会的种植技术为当地瓜农提供指导，并在村支书申某的协调下，以统一种植技术并保价回收为条件整合了许多种瓜散户。凭借个体与网络层面支持举措的有机结合，杜某迅速扩大了种植规模。其次，利用系统层面支持举措强化个体与网络层面支持举措。例如，国家林业局把制定澳洲坚果果仁生产行业标准的任务下达给了陈某的企业。陈某不仅完成了该任务还率先执行起标准，此举一方面作为系统层面的监督，规范了从国外专家处引入的创新做法；另一方面树立了行业标杆，巩固了镇康县政府支持以陈某的企业为龙头带动当地农户发展澳洲坚果产业的努力成果。

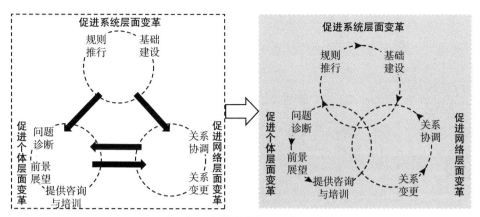

图 4 - 3 增强创业支持举措相互依赖性的主要途径

资料来源：笔者自制。

实际上，增强支持举措间的相互依赖性为实现变革提供了一种多层次的方法，该方法对克服程度较深的变革阻力是必要的。例如，冉某起初想通过免费给农户提供种羊并回收羊羔的办法扩大养殖规模，但由于农户不相信小尾寒羊的经济价值，加上冉某的监管不到位，未与其签订合同，农户直接抛售了种羊。冉某向县农牧局的技术员廖某学习养殖技术和管理经验后意识到，要想让农户跟着自己养羊，必须首先改变自己的思维与做法。在廖某的指导下，冉某建立起养殖小区，让农户到小区集中养殖并在农牧局的协调下与农户签订收购协议。个体层面的问题诊断与作为基础设施的养殖小区结合起来，为养殖户展示新实践并解释新规则。同时，依托养殖小区签订的收购协议构成了新的关系实践。

总之，构成创业支持系统的各项举措之间存在着相互依赖性。创业者若能认识到这种相互依存关系，协调自身行动以便个体、网络和系统层面的举措相互支持，则更有可能实现正规化。

4.4.2 把握时间敏感性

创业支持系统中的各项举措还具有作用时机与作用持续期的敏感性。这一发现与关于制度变革过程中时序动态重要性的研究不谋而合（Granqvist and Gustafsson，2016）。

第一，作用时机的敏感性要求农民创业者需要为支持举措发生作用做必要的准备。若创业者自身准备不足即时机不成熟时，支持举措的作用难以充分发挥。例如，从 2011 年起，包头市农牧业局曾连续两年，免费给希拉穆仁草原的牧民发放珍珠鸡，让牧民养鸡灭蝗虫，结果都以失败告终。原因在于牧民没有牧鸡的习惯和经验，又不愿为完成试验项目额外花费时间精力。当 2014 年王某接手该项目时已经充分吸取了先前的经验教训，并说服农牧业局草原站副站长武某为其提供 12000 羽珍珠鸡在 30 万亩的试验地上牧鸡灭蝗。通过实施包含驯化、设计移动鸡舍等内容的周密计划，王某成为当地该项目成功的首例。

第二，作用持续期的敏感性是指农民创业者所获取的支持举措具有作用时间有限的属性。若创业者未能在特定时期内充分利用该举措，则其支持效果将不复存在。例如，在海东市扶贫局的帮助下，常某在互助县的 10 个村庄试点推广树莓种植 5000 亩，不料其中 1500 亩因外购种苗的质量问题全部死亡。对扶持项目来说，试点 5000 亩中的 1500 亩出现问题，必然导致项目的失败；对参与种植的贫困农户来说，扶贫款和地租的损失将导致其失去对树莓产业的信任，甚至影响其后续进入正式市场的积极性。因此，常某在事发后仅用四个月的时间凑足资金，不仅先偿付了村民的地租，还将公司基地的大部分转换为苗木基地，为 1500 亩地重新种植提供种苗。这次危机的快速解决，让常某赢得了信任和更大的发展机会。

总之，考虑到创业支持系统的时间敏感性，需要农民创业者既不违时又不失时地采取行动。这种对时间敏感性的把握增强了创业支持系统的稳定性。

4.5 创业支持系统作用下的正规化良性循环

4.5.1 变革实现带来的市场发展与制度完善

非正式市场发展的困难因当地参与者长期处于贫困状态所形成的认识、观念与行为规范而加剧（Webb et al., 2009）。"模糊风险厌恶"的行为特征使农民创业者难以改变对新市场活动的经济逻辑和可行性判断（Ahsanuzzaman, 2015）。创业支持者通过问题诊断与前景展望传递有关正式市场的认识、观念与行为规范，并将其嵌入所提供的技术与生产实践的培训之中。农民创业者采纳的技术与实践又将产品质量和标准化生产等正式市场规范实例化，这些规范是创业者收入增长和市场发展所不可或缺的。伴随正规化过程展开，创业者以行之有效的技术与实践扩大规模，该做法反过来加强了对投资生产性资产的价值信念，并使其原有非正式的认识、观念与行为规范逐渐被取代。这些创新技术和做法通过社会关系在当地扩散后，进一步刺激了市场发展。表4-8给出了说明性数据。

表4-8　　　　农民创业正规化良性循环的代表性数据及相关范畴

范畴		聚焦编码	代表性数据
当地市场发展	新技术与生产实践的物质嵌入	科学培育大棚草莓，严把食用安全与品控关 - CWG	采用立体栽培的办法，不仅可以充分利用空间，还可以通过调配土壤的营养元素，提高草莓品质。对采摘园来说，产品的品质、食用的安全性永远是第一位的。崔某："用蜜蜂授粉，可以起到信息通报的作用，我说我不使农药不算，可是蜜蜂知道，它体积多小，要有农药它早死了。"（CWG-2）
	新型关系实践的社会嵌入	成立合作社，实施柿饼保护价收购 - SHL	石某又从王某这得到一个启发……石某改变以前的结算方式，用现金收货。她成立了合作社，社员100多人，对社员实行保护价收购柿饼。100多人齐心协力，一年的时间就帮石某扭转局面，销售额超过了1000万元。（SHL-5）
		与各地客户、经销商建立联系，逐渐打开驼奶全国市场 - JHH	2010年江某决定去北京参农产品博览会推销自己的产品。几天后，在展会上买过驼奶的外地顾客，打来电话说还想买。这启发了江某，他决定采取会员制，在目标城市建立一个旗舰店，实现同城配送，逐渐打开了全国各地的高端奶市场。（JHH-5）
制度完善	正式制度环境塑造创业成长	驼奶生产的企业标准激活市场供给，进而盘活整个骆驼产业 - JHH	继驼奶生产有标准可依后，江某又建成了骆驼酸奶粉生产线。酸奶粉既还原了哈萨克酸奶风味，又便于保存和运输，降低了成本，让更多的人喝到来自新疆的骆驼酸奶。现在，江某的企业成为全国首屈一指的驼奶加工厂，2014年销售额3900多万元，盘活带动了整个木垒哈萨克自治县的骆驼产业。（JHH-6）

续表

范畴		聚焦编码	代表性数据
正规化后转变角色	基于回报精神指导其他创业者	对来访者分享创业经验 – DK	现在经常有人来杜某基地参观学习，杜某也乐于分享自己的创业体会。杜某："……我觉得我一路借的过程，一路共享的过程，其实就是我不断分享的一个过程。这让我现在更愿意把自己变成一个先分享后收获的人。"（DK – 5）
		为其他农民创业者提供树莓苗和种植技术并负责回收熟果 – CS	常某不仅愿意先免费为顾某提供 400 亩地的树莓苗和种植技术，还负责回收。（CS 补充材料①）
	带动产业相关农户进入正式市场	提供技术、保价回收以带动农户种植澳洲坚果 – CYX	2010 年，陈某 5000 亩基地的澳洲坚果大面积开花结果，这在田坝村引起了轰动。陈某顺势提出，只要村民种她就以当时的市场价包回收，而且免费提供技术，这一下就点燃了村民的种植热情。（CYX – 5）
		带动农户养羊，荣膺当地返乡农民工创业致富带头人 – RC	现在，……冉某也成了当地返乡农民工创业致富带头人。贵州省务川仡佬族苗族自治县副县长邓某："通过他们在外面学习的技术，积累的资金，再带动我们其他群众一起创业，一起致富，特别是我们通过这些年轻人的带动，对我们特别是精准扶贫，精准脱贫，对我们的帮助很大，政府很感谢他们。"（RC – 6）

资料来源：笔者自制。

市场社会学表明，市场参与者之间的关系是主体间践行市场规范、协调经济行为规则的渠道。只有当市场参与者清楚彼此角色与交换规则，解决了协调与稳定性问题，使交换方相互信任时，市场才能有效运作（Beckert，2009）。创业支持者利用自身资源，协调价值链中横向与纵向关系，为有效的经济交换和市场发展创造了条件。通过关系变更，促成农民创业者与农户缔结新型关系（"公司＋农户"或"合作社＋农户"），改变了生产经营的组织规范，强化了市场实践的社会嵌入。通过关系协调，帮助农民创业者与正式供应商、客户/经销商建立合作关系并为之提供制度合法性支持。该类举措有助于扩大产能以平衡市场供求，促进价值链参与者之间的信任以及提升市场交换的透明度。围绕生产率提高形成的市场规范将促进更大的价值创造，而围绕市场透明度形成

---

① 参见佚名：《树莓王的发家史：花最少的钱，做成最大的事》，《现代营销（经营版）》，2017年第 5 期，第 41 页。

的市场规范使价值链成员能够获取各自创造的价值，市场环境由此得到极大改善。

既有研究表明，正式的制度环境通过多种方式影响创业机会的利用，包括支持性法规、公共支出以及市场主导逻辑（Hoogendoorn，2016）。创业支持者实施系统层面的举措（规则推行、基础建设）产生正式的制度变化，为正规化过程营造良好的制度环境。农民创业者继而能够采用正式手段利用机会，实现制度环境塑造的创业成长。有别于社会环境塑造的创业成长，即创业者为获取资源、进入市场和维系社会资本而驾驭并管理社会关系，此时农民创业者通过减少交易成本、降低不确定性以及促进关键资源的提供实现发展。不仅如此，这种创业成长还将反作用于制度环境。斯科特（Scott，2013）指出，创业者不仅是对制度的被动回应者，他们还积极影响着制度环境。案例显示，农民创业者在正式制度环境中实现规模化经营的同时，积极带动周边农户嵌入其创业网络并为其生产提供系统性支持。被带动农户与开始实施正规化时的创业者相比，所处的制度环境更加完善。这将加速产业相关农户完成正规化的过程，从而在当地创业社区形成农民创业正规化的良性循环。

4.5.2 创业者转变角色与农民创业正规化良性循环

当地市场发展与制度完善有助于形成健康的创业生态系统，诱发更多的农民创业跃迁行为，形成正规化的良性循环。此时，得到过创业社区成员支持并完成正规化的农民创业者，基于回报精神，将可能转变角色提供支持。例如，杜某案例中，他说："我觉得我一路借的过程，一路共享的过程，其实就是我不断分享的一个过程。这让我现在更愿意把自己变成一个先分享后收获的人。"事实上，创业成功者积极地分享经验对处在学习曲线开端的创业者而言大有裨益（Sridharan et al.，2014）。不仅如此，案例普遍反映出已转变角色创业者更为有效的支持方式，即直接带动产业相关的农户进入正式市场（案例陈某、常某等）。通过完成正规化创业者的带动，实现了基于市场发展、以创业脱贫与产业扶贫为手段的贫困解决方案，与精准扶贫战略具有内在的契合性（姜婧，2018）。

总之，创业支持系统除了为农民创业者跨越非正式与正式市场间的制度鸿沟搭建桥梁外，还促进了当地市场发展与制度完善，有利于构建一个健康的创业生态系统。当农村创业社区的整体环境得到改善后，将诱发更多的农民创业跃迁行为。再加上完成正规化的创业者转变角色后发挥的支持和带动作用，有助于形成农民创业正规化良性循环（见图4-4）。

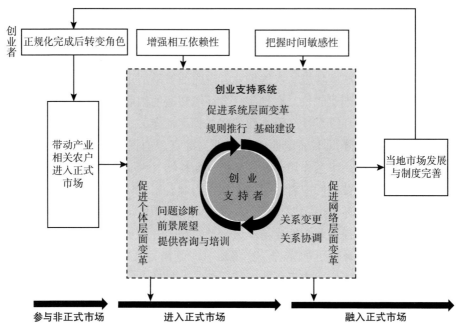

图4-4　创业支持系统作用下的农民创业正规化良性循环

资料来源：笔者自制。

4.6　创业支持系统作用机制的讨论

本书重点关注创业支持系统如何促进农民创业正规化，强调了正规化不仅是合法性的转变。实际上，创业支持者实施了一系列个体和网络层面的举措，帮助农民创业者改变认识、观念与行为规范，而这些都是进入并融入正式市场所要求的实践基础。此外，创业支持者还在系统层面上推行规则和基础建设，以弥合非正式与正式市场之间的制度差异。综上，创业支持系统能够促进创业者在个体、网络、系统三个层面的变革，而提升创业支持系统稳定性将有助于上述变革的实现，使当地市场与制度环境得到改善并诱发更多的农民创业跃迁行为，最终形成正规化的良性循环。

本书的核心理论贡献是通过引入创业支持系统将制度中介拓展为"泛中介"概念，解释了创业支持系统如何促进农民创业正规化；揭示了通过增强相互依赖性和把握时间敏感性提升系统稳定性的机制；发现了创业者在完成跃迁后可以转变角色，作为创业支持者进一步强化该系统，从而加速农民创业正规化良性循环的形成，在农民创业正规化的情境中丰富了制度中介理论。以往制度创业文献集中关注制度创业者如何主动地改变旧制度、传播新制度的全貌（Battilana et al.，2009），而创业支持系统作为泛中介的作用则在于帮助非正式市场的农民创业者适应新制度领域的要求，具体的实施举措和作用机制会有极大的不同。此外，虽然制度创业文献为制度创业者如何采取具体措施寻求制度变革提供了深刻的见解（Fligstein，1997；Greenwood and Suddaby，2006；Battilana et al.，2009；Waldron et al.，2015），并讨论了这些举措在变革过程的不同阶段是如何发挥作用的（Battilana et al.，2009），然而本研究表明：在多主体参与的情况下，这些举措能够整合为一个作用于正规化全过程的多层面（个体、网络和系统）支持系统。因此，本研究扩展了现有关于制度创业的研究，描述了不同层面的举措如何克服结构性制度空洞，构成"泛中介"支持系统中的有机组成部分。

在研究非正式经济中的创业活动时，除了关注正式制度的变迁之外，研究者还将受益于对促进制度变革的认识、观念和行为规范的考虑（Webb and Ireland，2015）。以往，学者们主要从制度经济学的角度来理解非正式经济和正规化（Dau and Cuervo-Cazurra，2014）。制度经济学的视角只反映了非正式经济的一个方面。本研究结果表明，还需要将组织制度理论的视角整合进来以全面理解正规化，特别是，当创业活动植根于传统的认识、观念与行为规范时，尽管存在理性激励，创业者也可能抵制基于市场的创新做法。例如，基斯特拉克等（Kistruck et al.，2011）强调了当地个体倾向于选择正式就业而非创业的特殊风险偏好破坏了微特许经营关系。梅尔等（2012）指出，即使正式制度对市场参与者无性别要求，但传统的性别歧视限制了妇女的产权，降低了其投资生产性资产的可能性。

从实践层面讲，本研究亦对现有基于市场的贫困解决方案做了补充。凭借对农民创业者的了解及本地社会嵌入能力，创业支持者在助力创业者自下而上发展的同时，产生了农村社区创业脱贫与产业扶贫的效果。有鉴于此，提出如下建议。（1）政策制定者可促进创业支持者之间形成联动机制，使创业支持系统呈现合作共赢、持续健康发展的格局。在形式上，可采用专业、产业和区域联盟，构建产学研用紧密结合，上、中、下游有机衔接的协同协作机制，充分发挥在技术攻关和推动产业发展等方面的制度创新优势。（2）在农民创业正规化的不同阶段，采用不同的支持举措促进创业发展。在"进入正式市场"

阶段，将支持重点定位在激发跃迁动机以及对新技术与生产实践的采纳上，引导创业者从社会网络中积极开发创业网络；在"融入正式市场阶段"，协调创业者与正式市场经销商、供应商建立商业联系，引入和推行新的市场规则并援建基础设施。（3）农民创业者通过响应、配合、规划各项支持举措，把握支持系统的相互依赖性和时间敏感性。在与创业支持者有效交互的过程中提升其动态能力并最大限度地实现自身发展。

值得注意的是，农民创业正规化过程在当地社区留下了变革的印记。创业支持者引入的对正式市场的理解在某种程度上影响了当地的非正式认识、观念与行为规范，变更并协调了新的关系。应该指出的是，创业支持者并未试图对促进正规化的非必要条件（例如政治、文化、家庭核心价值观等）施加影响；相反，创业支持者向农民创业者提供的是一个原本可能不知其存在的选项。事实上，正规化过程中的变革为当地社区带来了许多积极的变化，例如提升本地经济实力、促发更多创业活动、提供就业以及链接正式经济等（刘伟等，2018）。未来的研究可以深入考虑该问题，即创业支持者如何在保持基本的认识、观念与行为规范的同时，对制度施加影响以促进当地创业发展。

此外，创业支持系统促进正规化的过程与更广泛的宏观环境密切相关。虽然本研究的对象仅限于创业支持者与创业者的行动，但更宏观的制度层面中可能包含着促进创业支持的重要因素。试想，若无正式的政策背景，创业支持者在推动变革时将举步维艰，即使有政策支持，变革的困难度与复杂度依然很高。此外，正规化过程中创业者很可能遭遇始料不及的障碍，譬如非正式网络成员的阻挠破坏或传统销售渠道的丧失。这些发现与强调制度变革潜在负面后果的研究结论相一致（Khan et al.，2007）。尽管如此，正式经济主导经济发展是大势所趋（La Porta and Shleifer，2014），而创业支持系统促进农民创业正规化的作用将随农业产业化过程的推进而日益凸显。

4.7　本章小结

非正式市场中的农民创业者仅凭自身力量难以跨越不同市场间的制度鸿沟，因此本章综合制度经济学与组织制度理论视角，采用多案例研究方法，探究创业支持系统作为泛制度中介如何助力农民创业者实现正规化。基于制度创业与创业支持行为理论对创业支持系统的作用机制进行分析，解释了创业支持系统如何促进农民创业者在个体、网络、系统层面的制度变革；揭示了创业者通过增强相互依赖性和把握时间敏感性提升系统稳定性的机制；发现了创业者在正规化之后可以转变角色，作为创业支持者进一步强化该系统，从而加速农民创业正规化良性循环的形成。基于此，总结了创业支持系统作为泛制度中介对农民创业正规化的作用机制，并提出"泛中介"作为制度中介的概念拓展丰富了制度中介理论等研究的理论与实践贡献。

第5章

创业支持系统作用机制的 ABM 仿真验证

5.1 引 言

前面两个章节的案例研究已充分阐释了农民创业跃迁的现象，同时揭示了该现象背后农民创业者跨越非正式与正式市场制度鸿沟的本质。然而，受案例研究方法自身的局限，所得理论框架，即创业支持系统作为泛制度中介助力农民创业跃迁并实现正规化，未能得到普遍性的论证。因此，本章旨在开发一种综合 ABM 模型，该模型依据前述理论框架收集大量经验数据，以此为基础力图还原创业支持的现实，随即将仿真结果对比真实情况以验证理论框架，最终解决研究结论的普适性问题。

本书第 4 章的研究结论表明，创业支持者及其支持举措构成了支撑农民创业正规化的创业支持系统。为帮助农民创业者克服结构性制度空洞，创业支持者在不同层面采取针对性举措以改变非正式的认识、观念与规范，进而弥合非正式与正式市场之间的制度差距。在个体层面，创业支持者为创业者引入新的理性认识和行为规范，传播新的技术和生产实践；在网络层面，重新配置创业者与其他主体的商业关系；在系统层面，推行新的规则并援建基础设施。由于三个层面制度问题的性质不同，解决问题所需要的资源也不尽相同（McAdam et al.，2018）。而不同类别的创业支持者所能提供资源的差异将导致各类支持者擅长解决制度问题的类型有所不同（Ratinho et al.，2020）。由此得到本章仿真的基本逻辑：将所选 173 个案例中与 459 项创业支持举措相关的经验数据（解决哪类制度问题、提供资源的情况等）用于模型拟合，模拟农民创业者遇到不同类型制度问题时寻求何种类别支持者帮助的情形。随后，将各类支持者解决问题的整体分布情况用作模型运行结果的验证。若仿真结果与真实情况相比差异小，则说明模型较准确地代表了实际的创业支持模式，理论框架从而得到验证。

为了实现该仿真逻辑，本书将创业者与支持者视为综合 ABM 模型中的两类智能体，在该 ABM 中集成了案例分析和计量回归，以得到创业者在不同类别支持者中做出选择的行为规则。具体来说，集成案例分析和计量回归分别出于以下目的：（1）将案例分析的结果作为制定 ABM 中智能体行为规则的依据；（2）通过计量回归得到经验数据驱动的具体行为规则，作为 ABM 模型中创业者智能体的决策逻辑。该行为规则将针对创业者遇到的制度问题分为个体、网络和系统三个层面。

本章内容安排如下：首先，收集经验数据建立数据库，为仿真模型提供输入；其次，结合案例分析与计量回归确定智能体行为规则；再次，开发创业支持 ABM 模型并进行仿真；最后，得出结论并指出研究不足之处。

5.2 数 据 收 集

为了对创业者与支持者的交互进行建模，并基于经验数据仿真创业支持者解决制度问题的分布情况，本书建立了一个关于创业支持举措本身及其影响的数据库。由于建立数据库涉及不同数据来源，所以《致富经》案例被用作基础数据，将属于同一创业者的其他数据整合在一起。因此，总共收集了 173 位创业者的数据，以调查其创业过程中的创业支持情况。所建立数据库中的 173 位创业者的案例出自《致富经》2014～2018 年播出的节目。基于此，通过网络上至少两个搜索引擎，搜寻、分析样本企业和创业者的相关情况，进行三角验证与数据补全。这些数据主要来源于公司大事记、新闻报道、媒体评论、政府的官方信息，以及中国知网、万方数据库和维普数据库中相关的电子期刊和报刊资料。接下来分别介绍用作建模数据输入的两个主要数据库。

5.2.1 关于创业支持举措本身的数据库

创业支持举措是创业支持者为帮助创业者解决创业发展困难而采取的、不以特定经济回报为目的的行动（Ratinho et al.，2020）。该举措的实施者可划分为以下类别：私人、学术、非政府组织（NGO）和政府。私人创业支持者既可以是创业者社会网络中的亲友，也可以是创业网络中的客户、经销商和供应商；学术型创业支持者主要包括高校、科研院所及其中从事科研工作的人员；各级农业管理部门与技术推广部门属于政府类创业支持者；NGO 类则包括各种行业协会、商会等民间组织及其参与成员。从 173 个案例中 459 项创业支持举措的经验数据来看，上述四类的支持者分别出现 268 次、77 次、53 次和 61 次。另外，按照创业者在实施跃迁之前是否认识支持者，可将其区分为是否来自创业者的原始社会网络。该属性将直接影响到创业支持者的支持意向。

为解决具体的制度问题，创业支持举措为创业者提供了多种类型的资源。常见的有针对产品/服务本身的资源，人力资源和财务资源三大类（Saxton et al., 2016）。针对产品/服务本身的资源能够防止产品或服务不满足市场需求而在初创阶段失败。起初，创业者在对产品类型选择或出售农产品之前会寻求援助，以确认产品满足客户需求的可能性及形成规模经济的可行性。后续的产品开发过程中，支持者可以帮助在潜在客户中树立产品的口碑效应。最后，支持者甚至能够引入、推行并监督执行一系列规则，以帮助创业者达到正式市场所要求的标准，使产品顺利进入正式市场。

在人力资源方面，创业支持者或直接提供自身专业知识或间接推荐专业人才帮助创业者，为创业者省下了一笔人力资源投入。事实上，创业社区作为新创企业的人力资源网络，为其提供免费的建议和技术援助，在创业者尚未组建人力资源管理部门之前发挥着重要作用。具体地，所提供的人力资源既可以表现为由支持者支配的无偿体力劳动，又可以表现与创业者所从事行业高度相关的专业意见、建议或技术指导等。

创业支持者的指导或动用其网络关系协助创业者获取资本，为创业者提供了宝贵的财务资源。在具体的提供方式上，支持者可能提供有限的无息贷款或以公益基金的方式帮助新创企业过渡到下一个发展阶段，即"授人以鱼"；亦可能通过产品的试卖试销帮助创业者回笼资金，即"授人以渔"。此外，支持者还可以向创业基金推荐新创企业，这对创业者来说是一种关键的网络行为。因为通常投资者不会评估来路不明的商业计划，只有经其自身网络成员推荐的计划才会受到关注。

总之，在实施具体举措时，创业支持者可同时提供多种类型的资源。然而，根据创业者所遇制度问题的不同，三类资源的权重与比重不尽相同。本书从 173 个案例中提取相关信息将上述资源的比重进行量化后保存在数据库中。具体的操作方法将在下文中详细介绍。

5.2.2 关于创业支持举措影响的数据库

创业支持举措通过解决创业者所遇制度问题，促进其创业发展，最终促成农民创业的正规化。农民创业正规化过程包含两个主要阶段：进入与融入正式市场。前者以农民创业者开始实践与正式市场预期相符的做法为标志；后者指农民创业者成立公司或合作社，并与正式市场供应商、客户/经销商建立稳定的合作关系。创业支持举措对该过程的影响主要反映在两个方面：一是解决制度问题后以创业者销售收入增长为标志的经济效益提升；二是创业支持多措并举，克服结构性制度空洞后，以更加完善的制度环境塑造创业成长。

首先，从案例及相关补充材料中提取出农民创业者在接受创业支持前后的年销售收入变化，由此得出该项创业支持举措所产生的销售收入增量。经济效益的提升作为创业发展的标志已经得到普遍认同。具体到农民创业，创业发展不仅使得创业者的业务质量和规模得到发展，而且经营业务所在创业社区的经济能力亦得到增强。由于后者难以准确衡量，所以采用创业者自身经济效益的提升作为指标。又因农业成本较难度量，此处选用销售收入而非利润录入数据库。

其次，追踪农民创业正规化过程中出现创业支持举措的次数与类型，进而判断其对结构性制度空洞的影响程度。根据麦克亚当等（2018）对结构性制度空洞的论述，农民创业者所遇制度问题分别发生在个体、网络、系统三个层面。为解决不同层面的问题，创业支持举措各有其针对性。由此推论，正规化过程中出现的支持举措次数越多且类型多元时，越有利于克服结构性制度空洞，进而塑造有利于创业成长的良好制度环境。

总之，本书将从案例中提取的经验数据录入以上两个主要数据库用作建模的数据输入。接下来将重点介绍本研究中 ABM 建模最关键步骤——确定智能体行为规则的详细内容。

5.3 综合案例分析与计量回归确定行为规则

本节采用案例分析与计量回归相结合的方法，来确定创业者面临不同制度问题时选择创业支持者的行为规则。进一步地，将这些规则应用于多智能体模型，据此模拟创业者与支持者的动态交互。

5.3.1 案例分析结果转化为智能体行为规则

在多智能体模型的运行过程中，智能体的活动服从于其行为规则。因此，行为规则的设定不仅要有经验数据的客观依据，还需要具体明确富有操作性。根据创业拼凑理论（Sivathanu and Pillai，2019），创业支持是获取创业发展所需各类资源的重要来源。巴克斯等（2019）以创业支持举措提供的各类资源与该举措预期产生的经济效益为核心变量，构造出作为创业者决策依据的效用函数，为本节行为规则的确定提供了一个良好的参照范式。然而，该函数中的具体内容有待根据本研究的场景进行细化，之后才能作为智能体的行为规则。

在案例研究与多智能体建模的结合上，现有研究已取得关键性突破：即从案例分析的结果中归纳、提炼，从而建立智能体的行为规则（Schenk，2014）。将案例中凭经验识别的动作或事件转化为智能体行为规则的过程遵循经验证据、证据解析、派生智能体规则的三个步骤，按照波尔希尔等（Polhill et al.，2010）的建议以表格形式呈现（见表5－1和表5－2）。

表5－1 资源权重转化为行为规则的实例展示

案例原文	解析	智能体规则
直到失败了第5次，崔某这下可急出来一身汗……崔某："有个专家路过，我就找人家来看一下，人家说我一次就使了5年的肥。"听了专家的办法，草莓得了救，崔某这才意识到，种地不再是体力活，更需要科学技术，自己那些旧观念早就过时了。（CWG－2） 因为定价太高，一开始产品根本没有销路。这时，徐某想到了一个人，如果那个人肯帮自己一把，一定能顺利打开市场……有相同经历的王某被徐某的故事和勇气所打动，王某决定与她合作。借助王某的平台，徐某的风酱肉打响了名气。（XYH－4） 因为当时国家还没有关于骆驼奶生产的任何一个标准，全国也没一家被许可做驼奶的企业，江某要从头摸索，研究建立驼奶的企业标准……叶局长看好驼奶产业，肯定会造福一方百姓。他决定帮助江某，历时一年多的研究论证，终于制定出了全国第一个驼奶生产的企业标准。（JHH－4）	创业者在解决不同层面制度问题时，所需的关键资源不同	三个不同层面的效用函数中各类资源的权重不同

资料来源：笔者自制。

表 5 – 2 支持举措提供各类资源转化为行为规则的实例展示

案例原文	解析	智能体规则
2011 年 8 月，常某……获得两千多万元的项目扶植。2012 年 4 月，在海东市扶贫局的帮助下，常某在互助县的 10 个村庄先行试点，推广树莓种植基地 5000 亩……除了协调以一年 1000 元一亩的价格租地外，扶贫局还以资金扶持的方式鼓励贫困户参与树莓种植。（CS – 5）	创业支持举措中可以包含多种类型的资源	创业支持举措提供各类资源的比重不同
县委书记：这些养殖能人，他们有技术、缺资金，那我们就用奖补资金，利用他的技术和市场优势……一下子把这个产业做大起来。（LWK – 6）	创业支持者向创业者提供多种资源时会根据其需求有所侧重	

资料来源：笔者自制。

上述表格中的内容分别针对创业者所需资源的权重（见表 5 – 1）以及支持者提供资源的比重（见表 5 – 2）。一方面，因所遇制度问题不同，导致创业者所需各类资源的权重不同，于是产生了三个效用函数作为解决不同层面制度问题时的行为规则。另一方面，由于支持者针对具体制度问题援助创业者，造成支持举措所提供各类资源的比重不一，即效用函数中表示各类资源的自变量数值不同。本研究从所选案例中，按各项创业支持举措发生的不同场景，分别提取出与创业者资源需求和支持者资源供给相关的编码内容。[①] 按产品、人力、财务三大基本资源类型，使用 Super Decision 软件进行重要性的两两对比，得到经验数据中各项支持举措提供各类资源的比重。比重值将和案例中提取的其他关键信息（如创业者的年销售收入）一起估计效用函数。接下来介绍计量回归估计作为智能体行为规则的效用函数。

5.3.2 使用计量回归确定具体行为规则

1. 计量思路说明及核心变量设置

本节的计量回归包括两个部分。第一部分是计量估计创业支持举措所提供的产品、人力、财务等资源对销售收入增量的影响。由于收入增量对数指标属于连续变量，可直接使用基于稳健标准误的最小二乘法（OLS）展开计量估

---

① 为避免重复本书其他章节的研究内容，此处省略了案例编码的详细过程。有关整个编码过程的详细信息，请参考第 3 章第 2 节与第 4 章第 2 节内容。

计。第二部分是计量估计收入增量对数等变量对创业者进入或融入正式市场阶段的影响。由于进入或融入正式市场的阶段为二分类变量，可使用基于正态分布假设的二值选择模型 Probit 回归展开计量估计。现将两部分中涉及的被解释变量、核心解释变量以及控制变量说明如下。

第一部分中，被解释变量是创业支持举措为创业者解决制度问题后产生的销售收入增量，即收入增量对数。核心解释变量包括：（1）创业支持举措所提供针对产品/服务本身的资源、人力资源和财务资源（以下简称产品、人力、财务）；（2）创业者在获得创业支持前的年销售收入，即支持前收入对数；（3）创业支持者的类别，分别是私人、学术、NGO 和政府；（4）支持者是否已存在于创业者的原始社会网络（以下简称原网络），即创业者在实施创业跃迁之前是否已经认识支持者。

第二部分中，被解释变量为农民创业正规化的阶段，即农民创业者进入或融入正式市场的发展阶段（以下简称正式市场）。核心解释变量包括：（1）本次创业支持举措为创业者带来的销售收入增量，即收入增量对数；（2）已获创业支持的举措的总次数（含本次），即已获支持次数；（3）已获创业举措的类型是否多元化，以下简称类型多元化。

上述两部分中的控制变量有：创业者的性别、年龄、教育程度、所在地区和所处行业。年龄具体指创业者开始创业跃迁时的年龄。其中的虚拟变量包括（1）性别：男性 = 1、女性 = 0；（2）教育程度：小学及以下 = 1、初中 = 2、高中及中专 = 3、大专 = 4、本科及以上 = 5；（3）所在地区：东部 = 1、中部 = 2、西部 = 3；（4）所处行业：种植业 = 1、养殖业 = 2、混合及其他 = 3。

2. 计量结果汇报

第一部分（方程1）的估计结果显示，分别就个体层面、网络层面、系统层面进行分样本回归发现，各分样本回归方程的方差膨胀因子（VIF）值均小于 10，说明不存在明显的多重共线性问题，R-squared 值均为 0.6 左右，说明方程拟合优度较好。在个体层面，人力对收入增量的影响效应在 10% 统计水平上显著为正，估计系数值为 2.7355；在网络层面，财务对收入增量的影响效应在 10% 统计水平上显著为正，估计系数值为 0.9652；在系统层面，产品对收入增量的影响效应在 10% 统计水平上显著为正，估计系数值为 3.1781（见表 5 - 3）。

表 5 – 3 方程 1 估计结果——OLS 回归

变量	个体层面分样本 收入增量对数	网络层面分样本 收入增量对数	系统层面分样本 收入增量对数
产品	1. 2328 0. 9241	0. 1505 0. 5743	3. 1781 * 1. 8464
人力	2. 7355 * 1. 5546	0. 1337 0. 4660	– 0. 2786 0. 9576
财务	0. 5793 0. 6255	0. 9652 * 0. 5646	– 0. 8133 0. 8806
支持前 收入对数	0. 4145 *** 0. 0375	0. 4206 *** 0. 0418	0. 4540 *** 0. 0415

注：因篇幅所限，表中汇报了关键变量的系数值和标准误；＊、＊＊＊分别表示通过显著性水平为
10%、1% 的统计检验。

资料来源：STATA 软件输出。

第二部分（方程 2）的估计结果显示，分别就个体层面、网络层面、系统
层面进行分样本回归发现，各分样本回归方程中的核心解释变量，即收入增量
对数、已获支持次数、类型多元化，均在不同统计水平上呈现出显著的影响效
应。对重点关注的收入增量报告如下：在个体层面，其影响效应在 1% 统计水
平上显著为正，估计系数值为 0. 6316；在网络层面，其影响效应在 1% 统计水
平上显著为正，估计系数值为 0. 8220；在系统层面，其影响效应在 1% 统计水
平上显著为正，估计系数值为 1. 2210（见表 5 – 4）。

表 5 – 4 方程 2 估计结果——Probit 回归

变量	个体层面分样本 正式市场	网络层面分样本 正式市场	系统层面分样本 正式市场
收入增量对数	0. 6316 *** 0. 1983	0. 8220 *** 0. 1477	1. 2210 *** 0. 4053
已获支持次数	6. 5939 *** 1. 1348	7. 4294 *** 0. 4201	2. 3065 *** 0. 7506
类型多元化	1. 3869 ** 0. 6263	0. 4513 0. 3655	6. 1524 *** 1. 0352

注：因篇幅所限，表中汇报了关键变量的系数值和标准误；＊＊、＊＊＊分别表示通过显著性水平为
5% 和 1% 的统计检验。

资料来源：STATA 软件输出。

5.4 创业支持 ABM 模型开发

基于现有研究以及构建的研究模型特点，ABM 的编程与仿真实现软件选取 AnyLogic 8.5.1。AnyLogic 是一款独创的仿真软件，它以最新的复杂系统设计方法论为基础，是第一个将 UML 语言引入模型仿真领域的工具，也是唯一支持混合状态机这种能有效描述离散和连续行为语言的商业化软件。

目前，多智能体仿真还没有标准建模语言，模型需要用图形编辑器或脚本创建，不同多智能体仿真软件之间的差异较大。常用的多智能体仿真软件有：美国西北大学网络学习和计算机建模中心的 Netlogo，芝加哥大学社会科学计算实验室的 Repast，美国爱荷华州立大学的 TNG Lab，意大利都灵大学的 jES，美国布鲁金斯研究所的 Ascape，以及美国桑塔费研究所的 Swarm 等。其中，以 Netlogo、Swarm 在我国应用较为广泛。

相比之下，AnyLogic 基于 Java 构建，可以在所有主流操作系统（Mac、Windows、Linux 等）上运行，完全支持面向对象建模和层次化建模，是目前最好的多智能体建模仿真的软件之一。AnyLogic 为多智能体建模仿真提供了从智能体类的继承到智能体参数的统计收集的完善支持技术。用户只需了解系统中的个体是如何单独运行的，通过创建智能体并定义其行为，然后连接创建的各个智能体使其互动，或将其放置在具有动态特性的特定环境中，使系统的全局行为从多个单独智能体并发的独立行为中涌现出来。接下来详细叙述创业支持 ABM 模型的开发过程。

5.4.1 模型结构

如图 5-1 所示，基于 ABM 的创业支持模型包括两个主要组成部分［即（a）字段/属性以及（b）动作］与两个层次级别［即（c）模型层级和（d）智能体层级］。在创业支持模型中，创业者和支持者被定义为智能体。创业者智能体将基于计量回归确定的行为规则，在每个时间步骤期间决定选取某位支持者帮助其解决制度问题。因此，支持者智能体的主要属性是支持者状态。对于每个支持者智能体，支持者状态有三个可能的值：（1）潜在支持者；（2）候选采用者；（3）选定支持者。一旦某位支持者智能体被创业者选中，

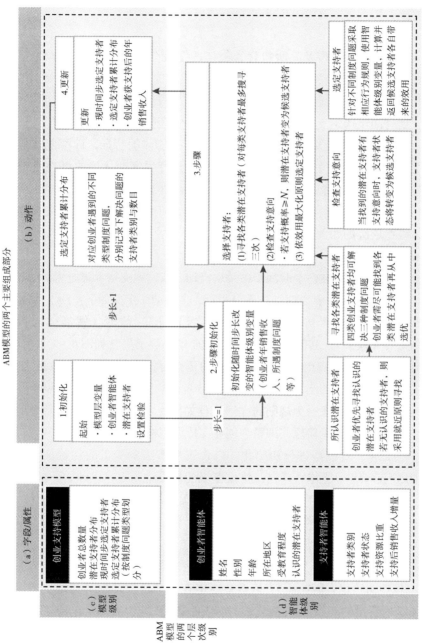

图5-1 创业支持ABM的模型结构

资料来源：笔者自制。

它将作为该时间步内帮助解决制度问题的确定人选，在智能体层级被记录下来。而在整个模型层级，每一时间步内所有选定支持者将按其解决制度问题的类型被记录，构成选定支持者的累计分布结果。

1. 字段/属性

定义了创业支持模型及其所包含智能体的字段/属性。第一，字段是描述模型或智能体的变量或特征。因此，创业支持模型的字段代表了模型级别的变量，这些变量解释了系统作为一个整体的特征，例如创业者总数量、潜在支持者分布、现时间步选定支持者等（见图 5-1 中"创业支持模型"部分）。第二，创业者/支持者智能体的字段解释的是每个智能体的特征，即智能体层级变量。例如创业者的姓名、性别、所在地区、教育程度、认识的潜在支持者等，支持者的类别、状态、支持资源比重等（见图 5-1 中"创业者智能体""支持者智能体"部分）。创业者/支持者智能体基于上述智能体层级变量做出决策后，模型层级的相关变量将会改变。

2. 动作

创业者智能体需要在每个时间步中采取行动，以选取支持者智能体帮助其解决制度问题。如图 5-1 中"动作"部分所示，主要动作定义如下：（1）初始化（模型层级）；（2）步骤初始化（智能体层级）；（3）步骤（智能体层级）；（4）更新（模型层级）。其他动作被定义为主要动作的子集（如图 5-1"动作"部分中指向"步骤"的三个方框）。在仿真的每个时间步中，除了初始化之外，将执行主要动作中定义的活动。选取创业支持者的决策行为发生在"步骤"动作中。每个时间步的决策行为规则的详细流程如图 5-2 所示。其中，每个时间步对应一个以年为单位的阶段，即整个创业支持模型将运行三个阶段。

（1）初始化：对模型进行初始化，以设置模型级别变量的初始值，并初始化创业者/支持者智能体。首先，将模型级变量设置为零，以开始新的模拟。其次，创业者智能体用来自《致富经》173 个案例的相关数据进行初始化。再次，初始化各类潜在支持者的数量：私人 173 位（特定阶段每位仅可支持 1人）；学术 24 位（特定阶段每位可同时支持 8 人）；非政府组织 18 位（特定阶段每位可同时支持 11 人）；政府 20 位（特定阶段每位可同时支持 10 人）。

（2）步骤初始化：创业者/支持者智能体在每个阶段开始时初始化，以设置智能体级别变量的初始值，这些变量随时间步而变化。在每个阶段，创业者智能体的变量值或依据经验数据的分布情况生成（例如所遇制度问题），或依据上一阶段模型运行所得数据进行更新（例如创业者的年销售收入）；支持者智能体的状态属性回到潜在支持者的状态，重新展开新一轮的模拟。

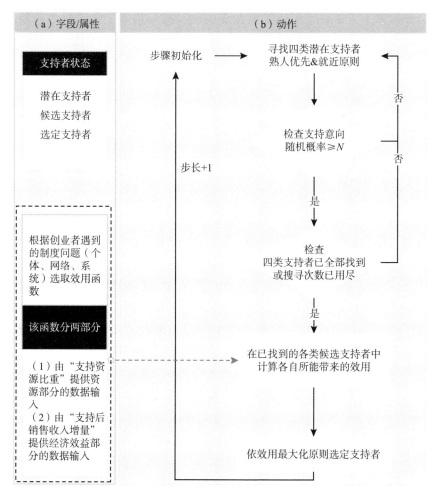

图 5-2 选取创业支持者的决策行为规则流程

资料来源：笔者自制。

（3）步骤：在每个阶段，创业者智能体依据各自所遇制度问题寻找潜在支持者。寻找原则有两条。一是熟人优先。依据经验数据设定创业者认识的支持者及其类别，创业者寻找该类别支持者时总会优先寻找熟识的支持者。二是就近原则。若某一类别支持者中无熟人，创业者将根据支持者与其所在网格的距离就近寻找。每当创业者找到潜在支持者之后，就需要检查其支持意向。支持者的意向依据 uniform（0，1）随机产生，支持与否的判断条件为"随机概率≥N"（熟人 $N = 0.2$；非熟人 $N = 0.4$）。如果遭到拒绝，创业者将向该类支持者中的其他个体寻求帮助。然而，模型设定对每类支持者的搜寻次数限制为

3 次，原因如下：在某类支持者中允许多次寻找是为规避个体行为差异的影响，但若被连续拒绝 3 次则可基本认定创业者所遇制度问题不在该类支持者的解决范围之内。所以，创业者将在搜寻次数受限的条件下尽可能找到支持者。随后依照相应的效用函数，在已找到的各类候选支持者中计算各自所能带来的效用。创业者将依据效用最大化原则选取某一类别的特定支持者。

（4）更新：通过返回每阶段中选定支持者的类别与数量和自仿真开始以来选定支持者的分布情况来更新模型级变量。历经三个阶段后，仿真过程将停止。对应创业者遇到的不同类型制度问题，解决问题的支持者类别与数目将被完整记录下来。

5.4.2　模型运行结果验证

运行创业支持模型所得选定支持者累计分布情况将使用以下三个度量与经验数据进行对比评估：平均绝对误差（MAE）、均方根误差（RMSE）和平均绝对百分比误差（MAPE），见式（5－1）、式（5－2）和式（5－3）。可以认为，具有较低 MAE、RMSE 和 MAPE 值的模型能够准确地还原总体决策过程的现实。虽然这三个指标都代表着模型的性能和预测精度，但它们之间的差异如下：（1）MAE 以权重相等的方式呈现模型的平均预测误差；（2）RMSE 对较大的误差赋予了相对较高的权重，因此当不希望出现较大的误差时适用；（3）MAPE 提供了百分比形式的误差项，更直观且易于理解。

$$\text{MAE} = \frac{1}{n} \sum_{i=1}^{n} | a_i - \hat{a}_i | \tag{5－1}$$

$$\text{RMSE} = \sqrt{\frac{1}{n} \sum_{i=1}^{n} (a_i - \hat{a}_i)^2} \tag{5－2}$$

$$\text{MAPE} = \frac{100}{n} \sum_{i=1}^{n} \left| \frac{a_i - \hat{a}_i}{a_i} \right| \tag{5－3}$$

需要说明的是，计量回归中个体级经验数据的作用是模型拟合（即确定行为规则），总体级经验数据在此被用于 ABM 的运行结果验证。也就是说，与具体创业支持举措相关的经验数据（解决哪类制度问题，提供资源的情况等）用于模型拟合，而各类支持者解决问题的整体分布情况用于模型运行结果的验证。

5.5 结 果 展 示

5.5.1 针对不同层面制度问题的行为规则

综合案例分析所得创业者效用函数的形式与计量回归所得相关变量的影响系数,可以得出作为创业支持 ABM 行为规则的具体效用函数。根据创业者所遇到制度问题的不同,三类资源与销售收入增量的权重不一样,于是产生了三个不同的效用函数作为解决不同层面制度问题时的行为规则:

个体层面:$U = 1.233 \times X1 + 2.736 \times X2 + 0.579 \times X3 + 0.632 \times Y$ (5 − 4)

网络层面:$U = 0.151 \times X1 + 0.134 \times X2 + 0.965 \times X3 + 0.822 \times Y$ (5 − 5)

系统层面:$U = 3.178 \times X1 - 0.279 \times X2 - 0.813 \times X3 + 1.221 \times Y$ (5 − 6)

其中,(1)$X1$、$X2$、$X3$ 分别代表该次支持举措所提供产品、人力、财务三类资源的比重,且 $X1 + X2 + X3 = 1$;(2)Y 代表创业者获得支持后销售收入的增量比,即销售收入增量比上获得支持后的年销售收入。接下来将结合各变量影响系数的意义分别说明三个不同层面行为规则的内涵。

在个体层面的行为规则中,产品、人力、财务三类资源的系数均为正,且人力资源的影响效应在 10% 统计水平上显著。这说明在解决个体层面制度问题时人力资源的作用最为突出。譬如,技术专家凭借其专业技能帮助创业者进行问题诊断以纠正其错误认识,提供咨询与培训以改变其非正式的行为规范。

在网络层面的行为规则中,产品、人力、财务三类资源的系数均为正,且财务资源的影响效应在 10% 统计水平上显著。这说明在解决网络层面制度问题时财务资源的作用最为突出。支持者通过农业发展基金或小额贷款为创业者扩大规模提供资金,抑或通过试卖试销为创业者的稳定经营回笼资金。不论是前者的"授人以鱼"还是后者"授人以渔"均为创业者与正式市场的客户或经销商建立网络联系提供助益。

在系统层面的行为规则中,产品资源的系数为正且影响效应在 10% 统计水平上显著;而人力、财务资源的系数为负,但其数值较低且影响效应在统计水平上不显著。对此情形的解释如下:前两类制度问题依靠支持者提供的外部资源输入即可解决;而系统层面制度问题的解决(如规则推行、基础建设)往往伴随来自正式市场人力、财务资源的进入与来自非正式市场同类资源的退出。所以,在该层面的行为规则中,人力、财务资源可能出现负向影响亦在情理之中。

销售收入增量在不同层面的行为规则中均有正向影响，且影响效应在1%统计水平上显著。需要指出的是，在 Probit 回归中，为便于估计，对销售收入增量进行了对数处理。而在上述三个层面的行为规则中，以销售收入增量比作为该变量的替代形式。原因如下：ABM 中模拟的 173 位创业者由于所处行业等情况各异，导致各自销售收入的体量不同。一定数量的销售收入增长为不同体量的创业者带来的效用不同，缺乏可比性。因此，选用增量比的形式更能代表该变量对不同创业者的决策影响。

5.5.2　创业支持 ABM 模型实现与仿真结果验证

使用针对不同层面制度问题的效用函数作为行为规则，开发出创业支持 ABM 并进行了模型仿真。本研究采用 AnyLogic 8.5.1 软件建立基于智能体的模型，并使用 23×18 的虚拟网格作为模型运行的背景。该场景中创业者与支持者的交互过程分为三个阶段被模拟。每一阶段的开始由手动触发，待三个阶段均被模拟后即可导出仿真结果。该模型的运行界面如图 5 - 3 所示。

对模型的 50 次仿真结果取均值后与经验数据进行比较，结果见表 5 - 5。除平均结果之外，图 5 - 4 中还显示了模型 50 次模拟运行的单次结果。总体来说，创业支持 ABM 的仿真结果高度还原现实，显示出较低的 MAE、RMSE 和 MAPE（见表 5 - 6）。然而，学术与 NGO 类支持者解决问题次数占比的 MAPE 相对较高（即，学术类支持者 39.34%；NGO 类支持者 39.28%）。这两处模拟结果和经验数据之间的差异可以从经验数据的收集情况中得到合理解释。案例显示，学术类支持者解决网络和系统层面制度问题的次数分别为 2 次，仅占同类问题总体次数的 0.98% 和 1.54%（网络、系统层面制度问题共出现 204、130 次）。所以仿真模型无法对上述极端情况进行准确刻画。同理，NGO 类支持者解决个体和系统层面制度问题的次数分别为 2 次、7 次，仅占同类问题总体次数的 0.8% 和 5.38%（个体、系统层面制度问题共出现 125 次、130 次）。尽管模型已经充分还原现实情况，但使用 MAPE 度量指标时放大了这两处极端情况的误差，归根结底，是因为现实中学术与 NGO 类支持者解决某些类型的制度问题的情况较为罕见，导致模型输入的数据稀缺，最终产生仿真的误差。这种由于数据量而导致模型拟合的弱点和限制是可以伴随数据量累积而克服的。

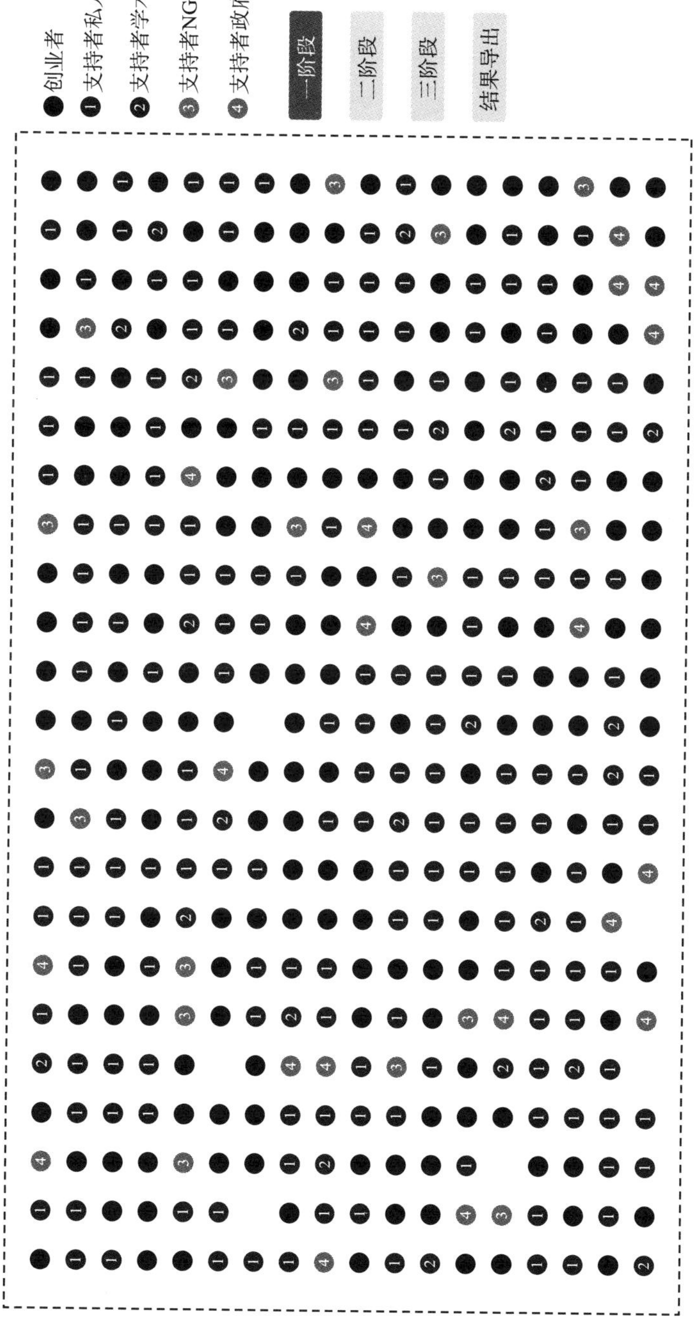

图5-3　创业支持ABM模型运行主界面

资料来源：AnyLogic软件输出

表 5 - 5　　　　　　创业支持 ABM 仿真平均结果与经验数据比较　　　　单位：%

三个阶段加总	个体层面制度问题		网络层面制度问题		系统层面制度问题	
	仿真均值	经验值	仿真均值	经验值	仿真均值	经验值
私人类支持者解决问题次数占比	29.58	32.80	65.18	72.55	56.74	60.77
学术类支持者解决问题次数占比	58.06	58.40	3.60	0.98	2.78	1.54
NGO 类支持者解决问题次数占比	2.50	0.80	26.96	22.06	7.88	5.38
政府类支持者解决问题次数占比	9.80	8.00	3.14	4.41	32.22	32.31

资料来源：综合 ABM 仿真均值与样本经验值得出。

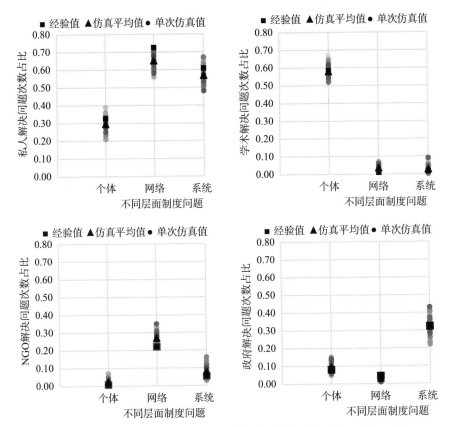

图 5 - 4　创业支持 ABM 单次仿真结果、仿真平均结果与经验数据比较

资料来源：综合 ABM 仿真值、仿真均值和样本经验值绘制而成。

表 5 - 6　　　　　　　　　　创业支持 ABM 的仿真结果验证

三个阶段加总	MAE	RMSE	MAPE
私人类支持者解决问题次数占比	0.0487	0.0519	0.0976
学术类支持者解决问题次数占比	0.0140	0.0168	0.3934
NGO 类支持者解决问题次数占比	0.0303	0.0332	0.3928
政府类支持者解决问题次数占比	0.0105	0.0127	0.1971

注：MAE 平均绝对误差；RMSE 均方根误差；MAPE 平均绝对百分比误差。
资料来源：将 ABM 仿真均值与样本经验值代入式（5 - 1）、式（5 - 2）、式（5 - 3）计算所得。

从不同类别的支持者来看，模型对私人和政府类支持者解决制度问题的现实情况还原度最高。两类支持者解决问题次数占比的 MAE 和 RMSE 均低于 0.1（私人类 MAE 为 0.0487，RSME 为 0.0519；政府类 MAE 为 0.0105，RMSE 为 0.0127）。类似地，两类支持者解决问题次数占比的 MAPE 均低于 20%（私人类 MAPE 为 9.76%；政府类 MAPE 为 19.71%）。这两个类别相比，私人类支持者在 MAPE 指标上显示的偏差更小，原因在于私人类支持者解决三类制度问题的情况均属常见，不存在数据稀缺问题。而在案例中，政府类支持者解决网络层面制度问题的次数为 9 次，仅占同类问题总体次数的 4.41%（网络层面制度问题共出现 204 次）。所以在 MAPE 指标上降低了对该类支持者解决问题情况的还原度。

同理可得，模型对学术和 NGO 类支持者解决制度问题的现实情况还原度较高。两类支持者解决问题次数占比的 MAE 和 RMSE 均低于 0.1（学术类 MAE 为 0.014，RSME 为 0.0168；NGO 类 MAE 为 0.0303，RMSE 为 0.0332）。虽然因数据稀缺导致这两类支持者解决问题次数占比的 MAPE 高于 20%，但结合 MAE、RMSE 两指标的数值以及图 5 - 4 呈现的对比情况来看，该结果依然是可以接受的。

综上所述，用各类支持者解决制度问题的整体分布情况对创业支持 ABM 的仿真结果进行检验，结果表明，该模型对现实的还原度较高，从而说明了用作模型拟合的与具体创业支持举措相关经验数据（解决制度问题的类型，提供资源情况等）的准确性。进一步地，指导经验数据收集的相关理论框架同时得到了验证。

5.6 结 果 讨 论

本研究开发的创业支持 ABM，集成了案例分析和计量回归，用于探究创业者遇到不同类型的制度问题时会寻求何种类别支持者的帮助。为此，将案例分析的结果作为制定智能体行为规则（即效用函数）的依据。在此基础上，使用计量回归分两部分估计效用函数中各要素的影响：（1）OLS 回归，估计产品、人力、财务等资源的影响效应；（2）Probit 回归，估计销售收入增量的影响效应。就个体、网络、系统层面进行分样本回归后得到针对不同层面制度问题的行为规则，基于此建立了 ABM 模型来模拟创业者与支持者的交互。模型性能也通过使用 MAE、RMSE 和 MAPE 的度量指标与经验数据进行对比验证。

计量回归分析的结果如下：（1）在解决个体层面制度问题时，三类资源均有正向影响，且人力资源的作用最为突出；（2）在解决网络层面制度问题时，三类资源均有正向影响，财务资源的作用最为突出；（3）在解决系统层面制度问题时，三类资源的影响方向可能不同，但产品资源具有正向影响且作用显著；（4）销售收入增量在不同层面均有正向影响且作用显著。

创业支持 ABM 模型的结果：各类创业支持者解决制度问题的占比情况与经验数据相比差异小，说明模型较准确地代表了实际的创业支持模式。在各类支持者之间，私人和政府类支持者解决制度问题的占比与经验数据差异最小，显示出更高的还原精度。虽然学术和 NGO 类支持者解决制度问题的占比与经验数据的差异比前两类稍大，但主要是由于数据部分稀缺所致，以 MAE 与 RMSE 的指标评判仿真结果仍然可以接受。

本研究具有以下意义和贡献：（1）首次将案例分析与计量回归综合到基于智能体的建模中，为创业支持 ABM 中创业者选择支持者的行为规则提供客观、准确的依据；（2）考虑到创业者面对不同制度问题时行为规则的差异性，分别就个体层面、网络层面、系统层面进行分样本回归，这种行为规则的分层影响被证明在统计上是显著的；（3）通过考虑创业支持者的身份、解决的制度问题、提供的资源等相关主题的各种因素，提升了 ABM 模型对创业支持现实过程的还原能力，由此得到的仿真结果亦充分证明了本书前述章节提出的理论框架。

尽管存在上述影响和贡献，本研究仍有一定的局限性。（1）由于经验数据主要来自案例，无法获悉创业支持过程中的一些更加翔实的情况（如创业者在找到有意向的支持者前被拒绝的次数），因此，在设置此类参数时缺乏经验数据的支撑。（2）由于案例中对多位支持者同时支持某位创业者解决一个具体制度问题的情况介绍很少，且此种情况下不同支持者带来的效用难以测算，所以本研究未能考虑该种情形。这一问题在未来的研究中有待深入探讨。（3）本研究中的创业者因所处地域分散，无法在某一特定区域集中建模，这就为模型集成地理信息系统做进一步分析留下了潜力。

5.7 本章小结

为了对本书前述章节的研究结论进行普遍性论证，本章开发出一种综合 ABM 模型，该模型依据前述理论框架收集大量经验数据，以此为基础力图还原创业支持的现实，随即将仿真结果对比真实情况以验证理论框架，最终解决研究结论的普适性问题。为此，本研究将创业者与支持者视为综合 ABM 模型中的两类智能体，在该 ABM 中集成了案例分析和计量回归，模拟创业者遇到不同制度问题时寻求何种类别支持者帮助的情形。综合案例分析与计量回归，确定创业者选择支持者依据的效用函数作为 ABM 模型中创业者智能体的行为规则。该行为规则针对创业者遇到的制度问题分为个体、网络和系统三个层面，其中创业支持举措提供的三类资源与创业者获得支持后销售收入增量的权重各不相同。基于此行为规则模拟创业者与支持者的交互情况，结果显示：各类创业支持者解决制度问题的占比情况与经验数据相比差异小，说明模型较准确地代表了实际的创业支持模式，以 MAE 与 RMSE 指标评判仿真结果均达到可接受水平。其中私人和政府类支持者解决制度问题的占比与经验数据差异最小，显示出更高的还原精度。由此得出，该 ABM 模型充分还原了创业支持的现实情况，而仿真结果亦充分证明了本书前述章节提出的理论框架。

第6章
结论与展望

6.1 研 究 结 论

当前我国农村农民创业蓬勃发展的新形势下，农民创业已成为农民实现自身减贫脱困的方式之一。然而，大多数农民创业都处在维持生计的简单循环中，与谋求商业机会发展现代农业产业的农业创业相比对当地经济、社会的影响甚微。实践证明，基于简单扩大再生产模式的农民创业尚不足以实现全面推进乡村振兴的战略需要，农业创业才是从根本上缓解贫困并最终走向富裕的重要途径。因此，如何促进农民创业者从农民创业向农业创业跃迁，实现更深层次与大范围内的减贫效应成为亟待解决的问题。

农民创业跃迁从现象上看是一个创业类型跃迁的过程，即从生存型农民创业到机会型农业创业的跃迁；从本质上说是创业者实现正规化的过程，即从非正式市场跃迁到正式市场。虽然布鲁顿等（2015）提出必需关注农民创业的关键制度背景——非正式性，基于此才能获得对贫困农民超越生存型创业的深刻见解，但现有文献就农民创业跃迁这一现象多是从创业类型跃迁所需的内外部条件展开探讨，鲜有研究从制度视角切入探究该现象背后的本质。此外，萨克斯顿等（2016）指出，创业支持行为给创业者提供了不可或缺的创业资源与能力，帮助创业者取得成功。上述分析虽有利于理解创业支持对创业跃迁的重要支撑作用，但依然是片段式的，无法提供对创业跃迁的系统解释。

由于实践背景与理论研究的不足，本书针对农民创业跃迁过程及其中出现的创业支持，采用制度视角，运用逻辑演绎、质性研究与模型仿真相结合的方法，具体为文献分析法、逻辑演绎、扎根分析，多案例研究、Agent 建模仿真等，提出纳入了创业支持行为等因素的创业类型跃迁动力系统模型，揭示了创业支持系统对农民创业正规化的作用机制，并对创业支持系统的作用机制进行了 ABM 仿真验证。本书研究结论如下。

（1）从农民创业到农业创业的跃迁是创业者在环境诱因的诱发下，突破生存型创业者的"模糊风险厌恶"心理禁锢，借助创业支持行为打破生存型创业系统在封闭的、非正式市场环境中形成的均衡，并通过商业模式创新捕获新的商业机会实现机会型创业发展，从而完成由封闭向开放、由非正式向正式市场的系统性跃迁。这种创业类型的跃迁不仅是单一的个体行为还是一种群体行为，农民创业者在实现自身创业跃迁时，还对农村创业社区产生自下而上的影响，带动产业相关的农民群体进入正式市场，继而实现更多的农民创业跃迁，从而在更大范围内缓解贫困。对创业类型跃迁现象的过程解析，为本书后续研究内容的展开奠定了基础。

（2）伴随农民创业跃迁过程的展开，农民创业者亦从非正式市场跃迁到了正式市场，而创业支持者及其支持举措构成的"泛中介"创业支持系统在农民创业正规化过程中发挥着不可或缺的桥梁作用。非正式市场中的创业者仅凭自身力量难以跨越非正式与正式市场间的制度鸿沟，需要依靠制度中介发挥桥梁作用。私人、学术、政府、非政府组织四类创业支持者实施一系列克服结构性制度空洞的举措，既提供了跃迁的经济激励和基础设施，更弥合了非正式与正式价值观念、行为规范、合理性认识之间的差异，促进了创业者在个体、网络、系统层面的变革。总体上，创业支持者及其支持举措构成的"泛中介"创业支持系统为农民创业正规化提供支撑。而创业者通过增强各项支持举措的相互依赖性并把握其时间敏感性，能够提升该系统的稳定性进而有助于变革的实现，使当地市场与制度环境得到改善并诱发更多的农民创业跃迁行为，最终形成正规化的良性循环。透过创业类型跃迁的现象深入探究其制度根源，提出了创业支持系统作用于农民创业正规化的理论框架。

（3）通过基于 Agent 的建模仿真还原了农民创业跃迁中创业支持的现实，对本书所提出的理论框架，即创业支持系统作为泛制度中介助力农民创业跃迁并实现正规化，进行了普遍性的论证。将案例分析的结果作为制定 ABM 中智能体行为规则的依据，并使用计量回归确定具体行为规则，模拟农民创业者遇到不同类型的制度问题时会寻求何种类别支持者帮助的情形。将与具体创业支持举措相关的经验数据（解决哪类制度问题，提供资源的情况等）用于模型拟合，将各类支持者解决问题的整体分布情况用作模型运行结果的验证。仿真结果表明，各类创业支持者解决制度问题的占比情况与经验数据相比差异小，说明模型较准确地代表了实际的创业支持模式。在各类支持者之间，私人和政府类支持者解决制度问题的占比与经验数据差异最小，显示出更高的还原精度。虽然学术和 NGO 类支持者解决制度问题的占比与经验数据的差异比前两类稍大，仍然达到了可接受的水平。由此实现了对创业支持系统作用于农民创业正规化理论框架的验证。

本书研究结论的启示如下。

1. 对于政策制定者

制定推动创业类型跃迁的公共政策，促进非正式与正式市场间的相互作用。一方面，建立与推广"公司＋农户"等新型合作模式，帮助农民群体自发性突围；另一方面，完善产业招商的制度环境，促成外部参与者与农业创业者的积极合作。对外部正式市场中的参与主体而言，农业创业者是其本土合作伙伴的极佳选择。其拥有的市场知识以及本地社会嵌入能力通常代表着有价值的无形资产，对正式市场参与主体拥有的传统资源构成有效的补充。

凸显创业支持者的重要角色，构建农村社区的创业支持系统。资金支持上，构建政府引导、财政支持、基金与保险及银行金融共生互动的新机制；技术支持上，以具体项目作为农业科技推广载体，通过技术采纳促进创业实践的发展；销售渠道支持上，发挥行业协会在传播市场信息、提供品质鉴定、协助产品推广等方面的重要作用。此外，促进创业支持者之间形成联动机制，使创业支持系统呈现合作共赢、持续健康发展的格局。在形式上，可采用专业、产业和区域联盟，构建产学研用紧密结合、上中下游有机衔接的协同协作机制，充分发挥在技术攻关和推动产业发展等方面的制度创新优势。

2. 对于创业支持者

鉴于其身份、所拥有资源与提供的帮助差异明显，建议在实施具体支持举措之前要明确自身的角色，根据其所擅长的领域提供针对性支持。从本书的结论看，学术类创业支持者擅长处理个体层面的制度问题；出现网络层面制度问题时，创业者多向 NGO 和私人类支持者寻求援助；政府类创业支持者则更多地处理系统层面的制度问题。

在农民创业正规化的不同阶段，采用不同的支持举措促进创业发展。在"进入正式市场"阶段，将支持重点定位在激发跃迁动机以及对新技术与生产实践的采纳上，引导创业者从社会网络中积极开发创业网络；在"融入正式市场阶段"，协调创业者与正式市场经销商、供应商建立商业联系，引入和推行新的市场规则并援建基础设施。

3. 对于实施跃迁的农民创业者

在实施跃迁的过程中，通过响应、配合、规划各项支持举措，把握支持系统的相互依赖性和时间敏感性。在与创业支持者有效交互的过程中提升其动态能力并最大限度地实现自身发展。

在成功跃迁之后，积极配合当地创业教育的开展。创业教育能帮助农民创业者克服因受教育水平低和贫困产生的认知偏差，鼓励以再投资和业务扩张为特征的方式突破创业发展的时空限制。让跃迁成功的农业创业者担任"导师"角色，凭借其社交能力及对本地社区的深入了解指导农村创业社区中的其他个体。此举保证了创业教育以农民创业者所处情境为基础，实现自下而上的发展。

6.2 研究不足

本书运用扎根理论方法探析农民创业跃迁现象以及该现象背后的正规化制度根源时，使用的数据主要来自《致富经》节目官方网站、网络公开信息以及电子数据库等。所选取的样本数量对案例研究以及验证研究结论的 ABM 建模仿真来说是充足的。若需对变量之间的关系做进一步的定量研究，则目前的样本数量稍显不足，以致难以就农民创业跃迁中创业支持的作用机制进行更加深入的研究。

依靠二手数据的资料收集可能会使本书忽略一些创业支持举措的细节，使得需要通过大规模的一手调研数据才能得知被忽略的内容。譬如，创业者在找到有意向支持者前被拒绝的次数，创业者熟识与非熟识支持者支持意向的具体差别等。由于经验数据主要来自案例，所以无法获悉创业支持过程中的一些更加翔实的情况。这就使得 ABM 建模时需要以合理估计替代此部分参数的经验值作为解决方案，因此导致模型可能损失一定的还原精度。

ABM 在仿真创业支持者帮助创业者的过程中，并未将多位支持者同时支持某位创业者解决一个具体制度问题的情况纳入模型的分析中，原因如下：案例中对多位支持者同时支持某位创业者解决一个具体制度问题的情况介绍很少，且此种情况下不同支持者带来的效用难以测算。另外，如果对该情况予以考量将给模型增添不必要的复杂程度。所以本研究未能考虑该种情形，这在某种程度上可能会影响 ABM 对创业支持系统作用于农民创业正规化仿真结果在统计层面的代表性。

6.3 研究展望

在今后的研究中，可以尝试采用将二手数据与实地调研相结合的数据收集方法。未来的研究可以设计相关的问卷，通过增加样本并使用问卷调研、访谈、参与观察等方式扩大一手来源的数据量，以便对相关变量之间的关系进行更加深入的定量研究。具体而言，可对创业支持系统中各层面支持举措的相互关系提出研究假设，再使用所收集的经验数据测试预定义的假设。所形成的结论将有助于深化对农民创业跃迁中创业支持作用机制的理解。

本书使用的案例研究方法选取了异质性小的创业故事作为研究样本，因此，未来的研究可以拓宽案例样本的选择。具体来说，《致富经》栏目报道的基本上是跃迁成功创业者的故事，今后的研究应对跃迁失败的创业者予以关注，特别是对跃迁先失败后成功的创业故事予以关注。通过增加案例样本的多样性，进行横向和纵向的比较探讨，将会有助于提升研究结论的普适性并对现有理论框架做进一步的延展。

ABM 在仿真创业支持者与创业者的交互过程时，可依据大规模的一手调查数据设定相关参数，构建更能精确反映实践场景的仿真环境。将创业者在找到有意向支持者前的被拒情况、熟识与非熟识支持者支持意向的具体差别等，以经验数据为依据纳入仿真模型，更科学地仿真创业支持系统对农民创业正规化的作用机制。此外，可将多位创业支持者同时支持某位创业者解决一个具体制度问题的情况纳入 ABM 仿真实验中予以考虑。这就需要进一步分析和解释仿真模型中各种参数之间可能存在的非线性关系，并通过纳入更多的量化关系进入 ABM 以探索各因素间影响的具体机制。最后，本研究中的创业者因所处地域分散，无法在某一特定区域集中建模，这就为模型集成地理信息系统（geographic information system）做进一步分析留下了潜力。

参 考 文 献

[1] 蔡莉，尹苗苗，柳青．2008．生存型和机会型新创企业初始资源充裕程度比较研究 [J]．吉林工商学院学报，(1)：36－41．

[2] 陈波．2009．风险态度对回乡创业行为影响的实证研究 [J]．管理世界，(3)：84－91．

[3] 陈寒松，贾竣云，田震．2019．农业创业情境下商业模式设计的影响机制研究——基于模糊集定性比较分析 [J]．南方经济，(10)：78－89．

[4] 陈寒松，贾竣云，王成铖等．2020．创业失败何以东山再起？——观察学习视角的农业创业多案例研究 [J]．管理评论，32 (5)：305－320．

[5] 陈嘉文，姚小涛．2015．组织与制度的共同演化：组织制度理论研究的脉络剖析及问题初探 [J]．管理评论，27 (5)：135－144．

[6] 陈军民．2017．新制度经济学视角下家庭农场的生成及运行效率研究 [D]．沈阳：沈阳农业大学．

[7] 丁孝智，季六祥．2008．政府组织型新农村建设模式的实证研究——以广东德庆县为例 [J]．中国软科学，(8)：93－103，127．

[8] 董静，赵策．2019．家庭支持对农民创业动机的影响研究——兼论人缘关系的替代作用 [J]．中国人口科学，(1)：61－75，127．

[9] 郭军盈．2006．中国农民创业问题研究 [D]．南京：南京农业大学．

[10] 黄祖辉．2013．现代农业经营体系建构与制度创新——兼论以农民合作组织为核心的现代农业经营体系与制度建构 [J]．经济与管理评论，(6)：5－16．

[11] 季六祥．2009．品牌农业的产业组织优化与模块化设计 [J]．科研管理，30 (5)：132－138，147．

[12] 姜婧．2018．社会治理框架下的精准扶贫事业发展探析 [J]．管理世界，34 (4)：178－179．

[13] 姜长云．2018．科学理解推进乡村振兴的重大战略导向 [J]．管理世界，34 (4)：17－24．

[14] 蒋剑勇.2014.基于社会嵌入视角的农村地区农民创业机理研究 [D].杭州:浙江大学.

[15] 蒋剑勇,钱文荣,郭红东.2014.社会网络、先前经验与农民创业决策 [J].农业技术经济,(2):17-25.

[16] 李爱国,曾庆.2017.生存型创业向机会型创业转化的机制与路径 [J].重庆社会科学,(12):93-99.

[17] 李静,谢靖屿,林嵩.2017.榜样会触发个体创业吗?基于农民样本 的创业事件研究 [J].管理评论,29(3):27-39.

[18] 李颖,赵文红,薛朝阳.2018.创业导向、社会网络与知识资源获取 的关系研究——基于信号理论视角 [J].科学学与科学技术管理,39(2): 130-141.

[19] 廖祖君,郭晓鸣.2015.中国农业经营组织体系演变的逻辑与方向: 一个产业链整合的分析框架 [J].中国农村经济,(2):13-21.

[20] 林强,姜彦福,张健.2001.创业理论及其架构分析 [J].经济研 究,(9):85-94,96.

[21] 林嵩,刘青,李培馨.2016.拆迁事件会提升农民的创业倾向吗?基 于289个样本的实证研究 [J].管理评论,(12):63-74.

[22] 刘杰,郑风田.2011.社会网络、个人职业选择与地区创业集聚—— 基于东风村的案例研究 [J].管理世界,(6):132-141,151.

[23] 刘伟,黄紫微,丁志慧.2014.商业孵化器商业模式创新描述性框 架——基于技术与资本市场的创新 [J].科学学与科学技术管理,35(5): 110-119.

[24] 刘伟,雍旻,邓睿.2018.从生存型创业到机会型创业的跃迁——基 于农民创业到农业创业的多案例研究 [J].中国软科学,(6):105-118.

[25] 刘养卉.2019.少数民族特困地区农民创业路径探索 [J].开发研 究,(3):54-60.

[26] 卢启程,梁琳琳,贾非.2018.战略学习如何影响组织创新——基于 动态能力的视角 [J].管理世界,34(9):109-129.

[27] 罗明忠.2012.个体特征、资源获取与农民创业——基于广东部分地 区问卷调查数据的实证分析 [J].中国农村观察,(2):11-19.

[28] 马良灿.2014.理性小农抑或生存小农——实体小农学派对形式小农 学派的批判与反思 [J].社会科学战线,(4):165-172.

[29] 莫光辉.2014.农民创业与国家扶贫开发政策有效衔接的路径选

择——基于广西天等县的实证分析 [J]. 发展研究，(7)：78-83.

[30] 潘安成，李鹏飞. 2014. 交情行为与创业机会：基于农业创业的多案例研究 [J]. 管理科学，(4)：59-75.

[31] 朋文欢，黄祖辉. 2017. 契约安排、农户选择偏好及其实证——基于选择实验法的研究 [J]. 浙江大学学报（人文社会科学版），47 (4)：143-158.

[32] 苏郁锋，吴能全，周翔. 2017. 制度视角的创业过程模型——基于扎根理论的多案例研究 [J]. 南开管理评论，20 (1)：181-192.

[33] 孙红霞，郭霜飞，陈浩义. 2013. 创业自我效能感、创业资源与农民创业动机 [J]. 科学学研究，31 (12)：1879-1888.

[34] 仝允桓，周江华，邢小强. 2010. 面向低收入群体（BOP）的创新理论——述评和展望 [J]. 科学学研究，28 (2)：169-176.

[35] 王博，朱沆. 2020. 制度改善速度与机会型创业的关系研究 [J]. 管理世界，36 (10)：111-126.

[36] 王扬眉. 2019. 家族企业继承人创业成长金字塔模型——基于个人意义构建视角的多案例研究 [J]. 管理世界，35 (2)：168-184，200.

[37] 王勇. 2017. 创业环境、风险态度与新生代农民工的创业倾向 [J]. 经济体制改革，(1)：67-75.

[38] 危旭芳，罗必良. 2014. 农民创业研究：一个文献综述 [J]. 中大管理研究，9 (3)：187-208.

[39] 韦吉飞. 2010. 新形势下农民创业问题研究 [D]. 杨凌：西北农林科技大学.

[40] 翁辰，张兵. 2015. 信贷约束对中国农村家庭创业选择的影响——基于 CHFS 调查数据 [J]. 经济科学，(6)：92-102.

[41] 邢小强，周江华，仝允桓. 2011. 面向低收入市场的金字塔底层战略研究述评 [J]. 财贸经济，(1)：79-85，137.

[42] 杨婵，贺小刚，李征宇. 2017. 家庭结构与农民创业——基于中国千村调查的数据分析 [J]. 中国工业经济，(12)：170-188.

[43] 杨学儒，李新春. 2013. 地缘近似性、先前经验与农业创业企业成长 [J]. 学术研究，(7)：64-69，78，159.

[44] 叶敬忠，豆书龙，张明皓. 2018. 小农户和现代农业发展：如何有机衔接？[J]. 中国农村经济，(11)：64-79.

[45] 叶文平，李新春，朱沆. 2018. 地区差距、社会嵌入与异地创业——"过江龙"企业家现象研究 [J]. 管理世界，34 (1)：139-156.

［46］俞宁 . 2013. 农民农业创业机理与实证研究 ［D］. 杭州：浙江大学 .

［47］张静，于艳丽，郭洪水 . 2020. 乡村振兴视角下新型农业创业人才培养路径探析 ［J］. 西北农林科技大学学报（社会科学版），20（1）：153 - 160.

［48］张妮娅 . 2017. 创业扶贫的理论框架研究 ［J］. 科技经济导刊，（8）：10 - 11，13.

［49］张汝立，刘帅顺，包委 . 2020. 社会组织参与政府购买公共服务的困境与优化——基于制度场域框架的分析 ［J］. 中国行政管理，（2）：94 - 101.

［50］张文歌，买忆媛，叶竹馨 . 2020. 平台组织视角下的农民合作社与非正式创业农户正规化 ［J］. 管理学报，17（3）：383 - 393.

［51］张鑫 . 2015. 社会资本和融资能力对农民创业的影响研究 ［D］. 重庆：西南大学 .

［52］周菁华 . 2012. 转型期我国农民创业：行为、风险及激励 ［D］. 重庆：西南大学 .

［53］周振，谢家智 . 2010. 农业巨灾与农民风险态度：行为经济学分析与调查佐证 ［J］. 保险研究，（9）：40 - 46.

［54］朱红根，梁曦 . 2017. 农民创业动机及其对农民创业绩效影响分析 ［J］. 农林经济管理学报，16（5）：643 - 651.

［55］朱明芬 . 2010. 农民创业行为影响因素分析——以浙江杭州为例 ［J］. 中国农村经济，（3）：25 - 34.

［56］Acemoglu D，Robinson J A. 2012. Why nations fail：the origins of power，prosperity，and poverty ［M］. London：Profile Books Ltd.

［57］Ahlstrom D. 2010. Innovation and growth：how business contributes to society ［J］. Academy of Management Perspectives，24（3）：11 - 24.

［58］Ahsanuzzaman A. 2015. Three essays on adoption and impact of agricultural technology in Bangladesh ［D］. Blacksburg，VA：Virginia Tech Press.

［59］Alvarez S A，Barney J B. 2014. Entrepreneurial opportunities and poverty alleviation ［J］. Entrepreneurship Theory and Practice，38（1）：159 - 184.

［60］Amezcua A S，Grimes M G，Bradley S W，et al. 2013. Organizational sponsorship and founding environments：a contingency view on the survival of business-incubated firms，1994 - 2007 ［J］. Academy of Management Journal，56（6）：1628 - 1654.

［61］Amirahmadi H，Saff G. 1993. Science parks：a critical assessment ［J］. Journal of Planning Literature，8（2）：107 - 123.

［62］ Ansari S, Munir K, Gregg T. 2012. Impact at the 'bottom of the pyra-mid': the role of social capital in capability development and community empower-ment ［J］. Journal of management studies, 49 (4): 813 – 842.

［63］ Antonites A J, Haguma J. 2011. Assessing the innovative nature of the agricultural based small businesses in Rwanda-the case study of the coffee industry ［J］. African Journal of Agricultural Research, 6 (3): 757 – 770.

［64］ Aparicio S, Urbano D, Audretsch D B. 2016. Institutional factors, op-portunity entrepreneurship and economic growth: panel data evidence ［J］. Techno-logical Forecasting and Social Change, 102 (102): 45 – 61.

［65］ Armanios D E, Eesley C E, Li J, et al. 2016. How entrepreneurs lever-age institutional intermediaries in emerging economies to acquire public resources ［J］. Strategic Management Journal, 38 (7): 1373 – 1390.

［66］ Astebro T B, Bazzazian N, Braguinsky S. 2012. Startups by recent uni-versity graduates and their faculty: implications for university entrepreneurship policy ［J］. Research Policy, 41 (4): 663 – 677.

［67］ Audretsch, David B, Lehmann. 2006. Entrepreneurship and economic growth ［M］. Oxford: Oxford University Press.

［68］ Audretsch D B, Heger D, Veith T. 2015. Infrastructure and entrepre-neurship ［J］. Small Business Economics, 44 (2): 219 – 230.

［69］ Avdeitchikova S. 2009. False expectations: reconsidering the role of infor-mal venture capital in closing the regional equity gap ［J］. Entrepreneurship & Re-gional Development, 21 (2): 99 – 130.

［70］ Backs S, Günther M, Stummer C. 2019. Stimulating academic patenting in a university ecosystem: an agent-based simulation approach ［J］. The Journal of Technology Transfer, 44 (2): 434 – 461.

［71］ Bandura A. 1998. Exploration of fortuitous determinants of life paths ［J］. Psychological Inquiry, 9 (2): 95 – 99.

［72］ Battilana J, Leca B, Boxenbaum E. 2009. how actors change institu-tions: towards a theory of institutional entrepreneurship ［J］. Academy of Manage-ment Annals, 3 (1): 65 – 107.

［73］ Baum J A, Silverman B S. 2004. Picking winners or building them? alli-ance, intellectual, and human capital as selection criteria in venture financing and performance of biotechnology startups ［J］. Journal of Business Venturing, 19 (3):

411 – 436.

［74］Beckert J. 1999. Agency, entrepreneurs, and institutional change: the role of strategic choice and institutionalized practices in organizations ［J］. Organization Studies, 20 (5): 777 – 799.

［75］Beckert J. 2009. The social order of markets ［J］. Theory and society, 38 (3): 245 – 269.

［76］Benford R D, Snow D A. 2000. Framing processes and social movements: an overview and assessment ［J］. Annual Review of Sociology, 26 (1): 611 – 639.

［77］Bhagavatula S, Elfring T, Van Tilburg A, et al. 2010. How social and human capital influence opportunity recognition and resource mobilization in India's handloom industry ［J］. Journal of Business Venturing, 25 (3): 245 – 260.

［78］Bjornskov C, Foss N J. 2013. How strategic entrepreneurship and the institutional context drive economic growth ［J］. Strategic Entrepreneurship Journal, 7 (1): 50 – 69.

［79］Bosma N, Sanders M, Stam E. 2018. Institutions, entrepreneurship, and economic growth in Europe ［J］. Small Business Economics, 51 (2): 483 – 499.

［80］Bruneel J, Ratinho T, Clarysse B, et al. 2012. The evolution of business incubators: comparing demand and supply of business incubation services across different incubator generations ［J］. Technovation, 32 (2): 110 – 121.

［81］Bruton G D, Ahlstrom D, Si S. 2015. Entrepreneurship, poverty, and Asia: moving beyond subsistence entrepreneurship ［J］. Asia Pacific Journal of Management, 32 (1): 1 – 22.

［82］Bruton G D, Ketchen D J, Ireland R D. 2013. Entrepreneurship as a solution to poverty ［J］. Journal of Business Venturing, 28 (6): 683 – 689.

［83］Bruton G D, Khavul S, Chavez H. 2011. Microlending in emerging economies: building a new line of inquiry from the ground up ［J］. Journal of International Business Studies, 42 (5): 718 – 739.

［84］Bylund P L, Mccaffrey M. 2017. A theory of entrepreneurship and institutional uncertainty ［J］. Journal of Business Venturing, 32 (5): 461 – 475.

［85］Cacciotti G, Hayton J C, Mitchell J R, et al. 2016. A reconceptualization of fear of failure in entrepreneurship ［J］. Journal of Business Venturing, 31 (3): 302 – 325.

［86］Cao Z, Shi X. 2020. A systematic literature review of entrepreneurial ecosystems in advanced and emerging economies [J]. Small Business Economics: 1 – 36.

［87］Carayannis E G, Provance M, Grigoroudis E. 2016. Entrepreneurship ecosystems: an agent-based simulation approach [J]. The Journal of Technology Transfer, 41 (3): 631 – 653.

［88］Carayannis E G, Von Zedtwitz M. 2005. Architecting gloCal (global-local), real-virtual incubator networks (G-RVINs) as catalysts and accelerators of entrepreneurship in transitioning and developing economies: lessons learned and best practices from current development and business incubation practices [J]. Technovation, 25 (2): 95 – 110.

［89］Chi R, Liang L. 2008. The paths and transitions of necessity entrepreneurship and opportunity entrepreneurship [C]. Tenth West Lake International Conference on Small & Medium Business.

［90］Clarysse B, Wright M, Bruneel J, et al. 2014. Creating value in ecosystems: crossing the chasm between knowledge and business ecosystems [J]. Research Policy, 43 (7): 1164 – 1176.

［91］Corley K G, Gioia D A. 2004. Identity ambiguity and change in the wake of a corporate spin-off [J]. Administrative Science Quarterly, 49 (2): 173 – 208.

［92］Cropanzano R, Mitchell M S. 2005. Social exchange theory: an interdisciplinary review [J]. Journal of Management, 31 (6): 874 – 900.

［93］Dacin M T, Beal B D, Ventresca M J. 1999. The embeddedness of organizations: dialogue & directions [J]. Journal of Management, 25 (3): 317 – 356.

［94］Dau L A, Cuervo-Cazurra A. 2014. To formalize or not to formalize: entrepreneurship and pro-market institutions [J]. Journal of Business Venturing, 29 (5): 668 – 686.

［95］De Castro J O, Khavul S, Bruton G D. 2014. Shades of grey: how do informal firms navigate between macro and meso institutional environments? [J]. Strategic Entrepreneurship Journal, 8 (1): 75 – 94.

［96］De Soto H. 1989. The other path: the informal revolution [M]. New York: New York Publisher.

［97］Degroof J-J, Roberts E B. 2004. Overcoming weak entrepreneurial infrastructures for academic spin-off ventures [J]. The Journal of Technology Transfer, 29 (3 – 4): 327 – 352.

［98］Del-Palacio I, Zhang X T, Sole F. 2012. The capital gap for small technology companies: public venture capital to the rescue? [J]. Small Business Economics, 38 (3): 283 – 301.

[99] Desai S, Naudé W. 2011. Measuring entrepreneurship in developing countries [J]. Entrepreneurship and Economic Development: 75 – 94.

[100] Durao D F G, Sarmento M, Varela V, et al. 2005. Virtual and real-estate science and technology parks: a case study of Taguspark [J]. Technovation, 25 (3): 237 – 244.

[101] Dutt N, Hawn O, Vidal E, et al. 2016. How open system intermediaries address institutional failures: the case of business incubators in emerging-market countries [J]. Academy of Management Journal, 59 (3): 818 – 840.

[102] Dweck C S. 2008. Mindset: the new psychology of success [M]. New York: Random House Digital, Inc.

[103] Easterly W. 2015. The tyranny of experts: economists, dictators, and the forgotten rights of the poor [J]. European Journal of Development Research, 27 (1): 186 – 188.

[104] Eckhardt J T, Shane S A. 2003. Opportunities and entrepreneurship [J]. Journal of Management, 29 (3): 333 – 349.

[105] Eijdenberg E L. 2016. Does one size fit all? A look at entrepreneurial motivation and entrepreneurial orientation in the informal economy of Tanzania [J]. International Journal of Entrepreneurial Behavior & Research, 22 (6): 804 – 834.

[106] Eijdenberg E L, Paas L J, Masurel E. 2015. Entrepreneurial motivation and small business growth in Rwanda [J]. Journal of Entrepreneurship in Emerging Economies.

[107] Fafchamps M. 2017. Formal and informal market institutions: embeddedness revisited [C]. Paris Conference on Economic Development and Institutions.

[108] Fischer G. 2013. Contract structure, risk-sharing, and investment choice [J]. Econometrica, 81 (3): 883 – 939.

[109] Fligstein N. 1997. Social skill and institutional theory [J]. American behavioral scientist, 40 (4): 397 – 405.

[110] Friedland R, Alford R R. 1991. Bringing society back in: symbols, practices and institutional contradictions, the new institutionalism in organizational analsysis [M]. Chicago, IL: University of Chicago Press.

[111] Gao C, Zuzul T, Jones G, et al. 2017. Overcoming institutional voids:

a reputation-based view of long-run survival [J]. Strategic Management Journal, 38 (11): 2147 –2167.

[112] Gartner W B. 1988. "Who is an entrepreneur?" is the wrong question [J]. American Journal of Small Business, 12 (4): 11 –32.

[113] Garud R, Gehman J, Giuliani A P. 2014. Contextualizing entrepreneurial innovation: a narrative perspective [J]. Research Policy, 43: 1177 –1188.

[114] George G, Mcgahan A M, Prabhu J. 2012. Innovation for inclusive growth: towards a theoretical framework and a research agenda [J]. Journal of Management Studies, 49 (4): 661 –683.

[115] Ghani E, Kerr W R, O'connell S. 2014. Spatial determinants of entrepreneurship in India [J]. Regional Studies, 48 (6): 1071 –1089.

[116] Gioia D A, Corley K G, Hamilton A L. 2013. Seeking qualitative rigor in inductive research: notes on the Gioia methodology [J]. Organizational Research Methods, 16 (1): 15 –31.

[117] Giudici A, Reinmoeller P, Ravasi D. 2018. Open-system orchestration as a relational source of sensing capabilities: evidence from a venture association [J]. Academy of Management Journal, 61 (4): 1369 –1402.

[118] Godfrey P. 2013. More than money: five forms of capital to create wealth and eliminate poverty [M]. Stanford, CA: Stanford University Press.

[119] Godfrey P C. 2011. Toward a theory of the informal economy [J]. Academy of Management Annals, 5 (1): 231 –277.

[120] Granqvist N, Gustafsson R. 2016. Temporal institutional work [J]. Academy of Management Journal, 59 (3): 1009 –1035.

[121] Greenwood R, Oliver C, Lawrence T B, et al. 2017. The Sage handbook of organizational institutionalism [M]. London: Sage Publications.

[122] Greenwood R, Suddaby R. 2006. Institutional entrepreneurship in mature fields: the big five accounting firms [J]. Academy of Management Journal, 49 (1): 27 –48.

[123] Greenwood R, Suddaby R, Hinings C R. 2002. Theorizing change: the role of professional associations in the transformation of institutionalized fields [J]. Academy of Management Journal, 45 (1): 58 –80.

[124] Greif A. 2007. Institutions and the path to modern economy. lessons from medieval trade [M]. Cambridge: Cambridge University Press.

［125］ Gries T, Naudé W. 2010. Entrepreneurship and structural economic transformation［J］. Small Business Economics, 34（1）: 13 –29.

［126］ Grilli L, Murtinu S. 2014. Government, venture capital and the growth of European High-Tech entrepreneurial firms［J］. Research Policy, 43（9）: 1523 –1543.

［127］ Gulati R, Nohria N, Zaheer A. 2000. Strategic networks［J］. Strategic Management Journal, 21: 203 –215.

［128］ Gurtoo A, Williams C C. 2009. Entrepreneurship and the informal sector: some lessons from India［J］. The International Journal of Entrepreneurship and Innovation, 10（1）: 55 –62.

［129］ Hackett S M, Dilts D M. 2004. A systematic review of business incubation research［J］. Journal of Technology Transfer, 29（1）: 55 –82.

［130］ Hall J, Matos S, Sheehan L, et al. 2012. Entrepreneurship and innovation at the base of the pyramid: a recipe for inclusive growth or social exclusion?［J］Journal of Management Studies, 49（4）: 785 –812.

［131］ Hanlon D, Saunders C. 2007. Marshaling resources to form small new ventures: toward a more holistic understanding of entrepreneurial support［J］. Entrepreneurship Theory and Practice, 31（4）: 619 –641.

［132］ Harriss-White B, Basu K. 2004. India's informal economy facing the twenty-first century［C］. India's Emerging Economy: Performance and Prospects in the 1990s and Beyond: 265 –292.

［133］ Hart S L, Christensen C M. 2002. The great leap: driving innovation from the base of the pyramid［J］. MIT Sloan Management Review, 44（1）: 51.

［134］ Hellmann T F, Puri M. 2002. Venture capital and the professionalization of Start-Up firms: empirical evidence［J］. Journal of Finance, 57（1）: 169 –197.

［135］ Hessels J, Van Gelderen M, Thurik R. 2008. Drivers of entrepreneurial aspirations at the country level: the role of start-up motivations and social security［J］. International Entrepreneurship and Management Journal, 4（4）: 401 –417.

［136］ Hoogendoorn B. 2016. The prevalence and determinants of social entrepreneurship at the macro level［J］. Journal of Small Business Management, 54（S1）: 278 –296.

［137］ Hwang J, Christensen C M. 2008. Disruptive innovation in health care delivery: a framework for business-model innovation［J］. Health Affairs, 27（5）:

1329 - 1335.

[138] Isele E, Rogoff E G. 2014. Senior entrepreneurship: the new normal [J]. Public Policy & Aging Report, 24 (4): 141 - 147.

[139] Iyer L, Khanna T, Varshney A. 2013. Caste and entrepreneurship in India [J]. Economic & Political Weekly, 48 (6): 52 - 60.

[140] Jacob M, Lundqvist M, Hellsmark H. 2003. Entrepreneurial transformations in the Swedish university system: the case of chalmers university of technology [J]. Research Policy, 32 (9): 1555 - 1568.

[141] Kast F E, Rosenzweig J E. 1972. General systems theory-applications for organization and management [J]. Academy of Management Journal, 15 (4): 447 - 465.

[142] Khan F R, Munir K A, Willmott H. 2007. A dark side of institutional entrepreneurship: soccer balls, child labour and postcolonial impoverishment [J]. Organization Studies, 28 (7): 1055 - 1077.

[143] Khavul S, Bruton G D, Wood E. 2009. Informal family business in Africa [J]. Entrepreneurship Theory and Practice, 33 (6): 1219 - 1238.

[144] Kim H, Kim H, Hoskisson R E. 2010. Does market-oriented institutional change in an emerging economy make business-group-affiliated multinationals perform better? An institution-based view [J]. Journal of International Business Studies, 41 (7): 1141 - 1160.

[145] Kistruck G M, Webb J W, Sutter C J, et al. 2015. The double-edged sword of legitimacy in base-of-the-pyramid markets [J]. Journal of Business Venturing, 30 (3): 436 - 451.

[146] Kistruck G M, Webb J W, Sutter C J, et al. 2011. Microfranchising in base-of-the-pyramid markets: institutional challenges and adaptations to the franchise model [J]. Entrepreneurship Theory and Practice, 35 (3): 503 - 531.

[147] Klerkx L, Jansen J. 2010. Building knowledge systems for sustainable agriculture: supporting private advisors to adequately address sustainable farm management in regular service contacts [J]. International Journal of Agricultural Sustainability, 8 (3): 148 - 163.

[148] Klerkx L, Leeuwis C. 2009. Establishment and embedding of innovation brokers at different innovation system levels: Insights from the Dutch agricultural sector [J]. Technological Forecasting and Social Change, 76 (6): 849 - 860.

［149］Klerkx L, Proctor A. 2013. Beyond fragmentation and disconnect: networks for knowledge exchange in the English land management advisory system ［J］. Land use Policy, 30 (1): 13 – 24.

［150］La Porta R, Shleifer A. 2014. Informality and development ［J］. Journal of Economic Perspectives, 28 (3): 109 – 126.

［151］Langevang T, Namatovu R, Dawa S. 2012. Beyond necessity and opportunity entrepreneurship: motivations and aspirations of young entrepreneurs in Uganda ［J］. International Development Planning Review, 34 (4): 439 – 460.

［152］Lans T, Seuneke P, Klerkx L. 2017. Agricultural entrepreneurship ［M］. Encyclopedia of Creativity, Invention, Innovation and Entrepreneurship. Springer New York; New York, NY: 1 – 7.

［153］Lin S, Si S. 2014. Factors affecting peasant entrepreneurs' intention in the Chinese context ［J］. International Entrepreneurship and Management Journal, 10 (4): 803 – 825.

［154］Löfsten H, Lindelöf P. 2002. Science parks and the growth of new technology-based firms: academic-industry links, innovation and markets ［J］. Research Policy, 31 (6): 859 – 876.

［155］London T, Esper H, Grogan-Kaylor A, et al. 2014. Connecting poverty to purchase in informal markets ［J］. Strategic Entrepreneurship Journal, 8 (1): 37 – 55.

［156］Longfield L. 2014. Challenges and opportunities shaping smallholders' engagement with formal and informal markets for food and livelihood security: a rift valley, Kenya case study analysis ［D］. Ottawa, ON: University of Ottawa.

［157］Mair J, Marti I, Ventresca M J. 2012. Building inclusive markets in rural Bangladesh: how intermediaries work institutional voids ［J］. Academy of Management Journal, 55 (4): 819 – 850.

［158］Martin P Y, Turner B A. 1986. Grounded theory and organizational research ［J］. The Journal of Applied Behavioral Science, 22 (2): 141 – 157.

［159］Mcadam M, Crowley C, Harrison R T. 2018. To boldly go where no ［man］ has gone before-institutional voids and the development of women's digital entrepreneurship ［J］. Technological Forecasting and Social Change, 146: 912 – 922.

［160］McClelland D C. 1961. Achieving society ［M］. New York: Simon and Schuster.

［161］McCloskey D N. 2010a. Bourgeois dignity: why economics can't explain the modern world ［M］. Chicago: University of Chicago Press.

［162］McCloskey D N. 2010b. The bourgeois virtues: ethics for an age of commerce ［M］. Chicago: University of Chicago Press.

［163］McCloskey D N. 2013. Bourgeois dignity: why economics can't explain the modern world ［J］. Economic History Review, 66（1）: 367 − 368.

［164］McCloskey D N. 2016. Bourgeois equality: how ideas, not capital or institutions, enriched the world ［M］. Chicago: University of Chicago Press.

［165］McElwee G. 2008. A taxonomy of entrepreneurial farmers ［J］. International Journal of Entrepreneurship and Small Business, 6（3）: 465 − 478.

［166］Meister A D, Mauer R. 2018. Understanding refugee entrepreneurship incubation: an embeddedness perspective ［J］. International Journal of Entrepreneurial Behaviour & Research, 25（5）: 1065 − 1092.

［167］Morris M, Schindehutte M, Allen J. 2005. The entrepreneur's business model: toward a unified perspective ［J］. Journal of Business Research, 58（6）: 726 − 735.

［168］Naminse E Y. 2016. Effects of farmer entrepreneurship on rural poverty alleviation: empirical evidence from China ［D］. Zhenjiang: Jiangsu University.

［169］Narayan D. 2009. Moving out of poverty: the promise of empowerment and democracy in India ［M］. Washington, DC: World Bank Publications.

［170］Narayan D, Pritchett L, Kapoor S. 2009. Moving out of poverty: success from the bottom up ［M］. Washington, DC: World Bank Publications.

［171］Naudé W. 2011. Entrepreneurship is not a binding constraint on growth and development in the poorest countries ［J］. World development, 39（1）: 33 − 44.

［172］Neck H, Zacharakis A, Bygrave W, et al. 2003. Global entrepreneurship monitor: 2002 executive report ［R］. Babson College, Babson, MA.

［173］Newman A, Schwarz S, Ahlstrom D. 2017. Microfinance and entrepreneurship: an introduction ［J］. International Small Business Journal-Researching Entrepreneurship, 35（7）: 787 − 792.

［174］Niska M, Vesala H T, Vesala K M. 2012. Peasantry and entrepreneurship as frames for farming: reflections on farmers' values and agricultural policy discourses ［J］. Sociologia Ruralis, 52（4）: 453 − 469.

［175］North D C. 1991. Institutions ［J］. Journal of Economic Perspectives, 5

（1）：97 – 112.

［176］Odame H, Muange E. 2011. Can agro-dealers deliver the green revolution in Kenya? ［J］. IDS Bulletin, 42 (4): 78 – 89.

［177］Olomi D. 2009. From economic necessity to entrepreneurship. African entrepreneurship and small business development: context and process ［D］. Dar es Salaam: University of Dar es Salaam Press.

［178］Pacheco D F, York J G, Dean T J, et al. 2010. The coevolution of institutional entrepreneurship: a tale of two theories ［J］. Journal of Management, 36 (4): 974 – 1010.

［179］Parker S C, Belghitar Y. 2006. What happens to nascent entrepreneurs? an econometric analysis of the PSED ［J］. Small Business Economics, 27 (1): 81 – 101.

［180］Pejovich S. 2003. Understanding the transaction costs of transition: it's the culture, stupid ［J］. The Review of Austrian Economics, 16 (4): 347 – 361.

［181］Perkmann M, Tartari V, McKelvey M, et al. 2013. Academic engagement and commercialisation: a review of the literature on university-industry relations ［J］. Research Policy, 42 (2): 423 – 442.

［182］Petit O, Kuper M, Ameur F. 2018. From worker to peasant and then to entrepreneur? Land reform and agrarian change in the Saiss (Morocco) ［J］. World Development, 105: 119 – 131.

［183］Phan P H, Siegel D S, Wright M. 2005. Science parks and incubators: observations, synthesis and future research ［J］. Journal of Business Venturing, 20 (2): 165 – 182.

［184］Pietrobelli C, Rabellotti R. 2010. Upgrading to compete global value chains, clusters, and SMEs in latin America ［M］. Cambridge, MA: Harvard University Press.

［185］Ploeg JD V D. 2008. The new peasantries, struggles for autonomy and sustainability in an era of empire and globalization ［J］. Canadian Geographer, 55 (3): 394 – 396.

［186］Polhill J G, Sutherland L-A, Gotts N M. 2010. Using qualitative evidence to enhance an agent-based modelling system for studying land use change ［J］. Jasss-the Journal of Artificial Societies and Social Simulation, 13 (2).

［187］Price S E, Siegel D S. 2019. Assessing the role of the federal government in the development of new products, industries, and companies: case study evidence since World War II [J]. Annals of Science and Technology Policy, 3 (4): 348 – 437.

[188] Pyysiainen J, Anderson A R, McElwee G, et al. 2006. Developing the entrepreneurial skills of farmers: some myths explored [J]. International Journal of Entrepreneurial Behaviour & Research, 12 (1): 21 – 39.

[189] Rakowski C A. 1994. Contrapunto: the informal sector debate in Latin America [D]. Albany, NY: State University of New York Press.

[190] Ratinho T, Amezcua A S, Honig B, et al. 2020. Supporting entrepreneurs: a systematic review of literature and an agenda for research [J]. Technological Forecasting and Social Change, 154: 1 – 20.

[191] Rixen M, Weigand J. 2014. Agent-based simulation of policy induced diffusion of smart meters [J]. Technological Forecasting and Social Change, 85: 153 – 167.

[192] Rosa P, Kodithuwakku S S, Balunywa W. 2008. Entrepreneurial motivation in developing countries: what does 'necessity' and 'opportunity' entrepreneurship really mean? [C]. Babson College Entrepreneurship Research Conference (BCERC).

[193] Rotger G P, Gørtz M, Storey D J. 2012. Assessing the effectiveness of guided preparation for new venture creation and performance: theory and practice [J]. Journal of Business Venturing, 27 (4): 506 – 521.

[194] Ruef M, Scott W R. 1998. A multidimensional model of organizational legitimacy: hospital survival in changing institutional environments [J]. Administrative Science Quarterly: 877 – 904.

[195] Sachs J D. 2003. Institutions matter, but not for everything [J]. Finance & Development.

[196] Saxton T, Wesley C L, Saxton M K. 2016. Venture advocate behaviors and the emerging enterprise [J]. Strategic Entrepreneurship Journal, 10 (1): 107 – 125.

[197] Schenk T A. 2014. Using stakeholders' narratives to build an agent-based simulation of a political process [J]. Simulation-Transactions of the Society for Modeling and Simulation International, 90 (1): 85 – 102.

[198] Schoar A. 2010. The divide between subsistence and transformational en-

trepreneurship [J]. Innovation Policy and the Economy, 10 (1): 57 – 81.

[199] Scott J C. 1977. The moral economy of the peasant: rebellion and subsistence in Southeast Asia [M]. New Haven, CT: Yale University Press.

[200] Scott W R. 2013. Institutions and organizations: ideas, interests, and identities [M]. Thousand Oaks, CA: Sage Publications.

[201] Sen A. 2001. Development as freedom [M]. Oxford: Oxford Paperbacks.

[202] Shapero A. 1975. The displaced, uncomfortable entrepreneur [J]. Psychology Today, 9 (6): 83 – 88.

[203] Si S, Ahlstrom D, Wei J, et al. 2020. Business, entrepreneurship and innovation toward poverty reduction [J]. Entrepreneurship and Regional Development, 32: 1 – 20.

[204] Si S, Yu X, Wu A, et al. 2015. Entrepreneurship and poverty reduction: a case study of Yiwu, China [J]. Asia Pacific Journal of Management, 32 (1): 119 – 143.

[205] Siqueira A C O, Webb J W, Bruton G D. 2016. Informal entrepreneurship and industry conditions [J]. Entrepreneurship Theory and Practice, 40 (1): 177 – 200.

[206] Sivathanu B, Pillai R. 2019. An empirical study on entrepreneurial bricolage behavior for sustainable enterprise performance of startups: evidence from an emerging economy [J]. Journal of Entrepreneurship in Emerging Economies, 12 (1): 34 – 57.

[207] Smith A, Judge W, Pezeshkan A, et al. 2016. Institutionalizing entrepreneurial expertise in subsistence economies [J]. Journal of World Business, 51 (6): 910 – 922.

[208] Solomon G T, Bryant A P, May K, et al. 2013. Survival of the fittest: technical assistance, survival and growth of small businesses and implications for public policy [J]. Technovation, 33 (33): 292 – 301.

[209] Sridharan S, Maltz E, Viswanathan M, et al. 2014. Transformative subsistence entrepreneurship: a study in India [J]. Journal of Macromarketing, 34 (4): 486 – 504.

[210] Stenholm P, Acs Z J, Wuebker R. 2013. Exploring country-level institutional arrangements on the rate and type of entrepreneurial activity [J]. Journal of

Business Venturing, 28（1）: 176 – 193.

［211］ Sternberg R. 2014. Success factors of university-spin-offs: regional government support programs versus regional environment ［J］. Technovation, 34（3）: 137 – 148.

［212］ Stevenson L A. 2005. Entrepreneurship policy: theory and practice ［M］. Springer US.

［213］ Strauss A, Corbin J. 1998. Basics of qualitative research: procedures and techniques for developing grounded theory ［M］. Thousand Oaks, CA: Sage.

［214］ Suddaby R. 2006. From the editors: what grounded theory is not ［J］. Academy of Management Journal, 49（4）: 633 – 642.

［215］ Suddaby R, Greenwood R. 2005. Rhetorical strategies of legitimacy ［J］. Administrative Science Quarterly, 50（1）: 35 – 67.

［216］ Sutter C, Bruton G D, Chen J. 2019. Entrepreneurship as a solution to extreme poverty: a review and future research directions ［J］. Journal of Business Venturing, 34（1）: 197 – 214.

［217］ Sydow A, Cannatelli B L, Giudici A, et al. 2020. Entrepreneurial workaround practices in severe institutional voids: evidence from Kenya ［J］. Entrepreneurship Theory and Practice: 1 – 37.

［218］ Theodorakopoulos N, Preciado D J S, Bennett D. 2012. Transferring technology from university to rural industry within a developing economy context: the case for nurturing communities of practice ［J］. Technovation, 32（9）: 550 – 559.

［219］ Tobias J M, Mair J, Barbosa-Leiker C. 2013. Toward a theory of transformative entrepreneuring: poverty reduction and conflict resolution in Rwanda's entrepreneurial coffee sector ［J］. Journal of Business Venturing, 28（6）: 728 – 742.

［220］ Tomizawa A, Zhao L, Bassellier G, et al. 2020. Economic growth, innovation, institutions, and the Great Enrichment ［J］. Asia Pacific Journal of Management, 37（1）: 7 – 31.

［221］ Urbano D, Aparicio S, Audretsch D B. 2019. Twenty-five years of research on institutions, entrepreneurship, and economic growth: what has been learned? ［J］ Small Business Economics, 53（1）: 21 – 49.

［222］ Van Der Ploeg J D. 1994. Styles of farming: an introductory note on concepts and methodology ［M］. Endogenous regional development in Europe, HJ de Haan, JD van der Ploeg（eds.）. Vila Real, Portugal 1991. Luxembourg

(1994) 7 – 31. Ook in: Born from within. Practice and perspectives of endogenous rural development, JD van der Ploeg, A. Long (eds.). Van Gorcum, Assen: 7 –31.

［223］ Viswanathan M, Echambadi R, Venugopal S, et al. 2014. Subsistence entrepreneurship, value creation, and community exchange systems: a social capital explanation ［J］. Journal of Macromarketing, 34 (2): 213 – 226.

［224］ Viswanathan M, Rosa J A. 2007. Product and market development for subsistence marketplaces: consumption and entrepreneurship beyond literacy and resource barriers ［M］. Product and market development for subsistence marketplaces. Emerald Group Publishing Limited.

［225］ Viswanathan M, Rosa J A, Ruth J A. 2010. Exchanges in marketing systems: the case of subsistence consumer-merchants in Chennai, India ［J］. Journal of Marketing, 74 (3): 1 – 17.

［226］ Vorley B. 2013. Meeting small-scale farmers in their markets: understanding and improving the institutions and governance of informal agrifood trade ［C］. London/The Hague/La Paz: IIED/HIVOS/Mainumby.

［227］ Waldron T L, Fisher G, Navis C. 2015. Institutional entrepreneurs' social mobility in organizational fields ［J］. Journal of Business Venturing, 30 (1): 131 – 149.

［228］ Webb J W, Bruton G D, Tihanyi L, et al. 2013. Research on entrepreneurship in the informal economy: framing a research agenda ［J］. Journal of Business Venturing, 28 (5): 598 –614.

［229］ Webb J W, Ireland R D. 2015. Laying the foundation for a theory of informal adjustments, management, society, and the informal economy ［M］. New York: Routledge Press.

［230］ Webb J W, Ireland R D, Ketchen Jr D J. 2014. Toward a greater understanding of entrepreneurship and strategy in the informal economy ［J］. Strategic Entrepreneurship Journal, 8 (1): 1 –15.

［231］ Webb J W, Kistruck G M, Ireland R D, et al. 2010. The entrepreneurship process in base of the pyramid markets: the case of multinational enterprise/nongovernment organization alliances ［J］. Entrepreneurship Theory and Practice, 34 (3): 555 –581.

［232］ Webb J W, Tihanyi L, Ireland R D, et al. 2009. You say illegal, I say legitimate: entrepreneurship in the informal economy ［J］. Academy of Management Review, 34 (3): 492 – 510.

[233] Welter F, Baker T, Audretsch D B, et al. 2017. Everyday entrepreneurship: a call for entrepreneurship research to embrace entrepreneurial diversity [J]. Entrepreneurship Theory and Practice, 41 (3): 311 – 321.

[234] Williams C C. 2009. The motives of off-the-books entrepreneurs: necessity-or opportunity-driven? [J]. International Entrepreneurship and Management Journal, 5 (2): 203.

[235] Williams N, Williams C C. 2014. Beyond necessity versus opportunity entrepreneurship: some lessons from English deprived urban neighbourhoods [J]. International Entrepreneurship and Management Journal, 10 (1): 23 – 40.

[236] Wonglimpiyarat J. 2010. Commercialization strategies of technology: lessons from Silicon Valley [J]. Journal of Technology Transfer, 35 (2): 225 – 236.

[237] Wu A, Song D, Yang Y. 2020. Untangling the effects of entrepreneurial opportunity on the performance of peasant entrepreneurship: the moderating roles of entrepreneurial effort and regional poverty level [J]. Entrepreneurship and Regional Development, 32: 112 – 133.

[238] Wu M. 2017. The development of the agrifood market in China: opportunities and challenges, China, New Zealand, and the complexities of globalization [M]. New York: Palgrave Macmillan Press.

[239] Yessoufou A W, Blok V, Omta S. 2018. The process of entrepreneurial action at the base of the pyramid in developing countries: a case of vegetable farmers in Benin [J]. Entrepreneurship & Regional Development, 30 (1 – 2): 1 – 28.

[240] Young M N, Ahlstrom D, Bruton G D, et al. 2011. What do firms from transition economies want from their strategic alliance partners [J]. Business Horizons, 54 (2): 163 – 174.

[241] Zanden J L V. 2009. The long road to the industrial revolution [J]. Scandinavian Economic History Review, 59 (2): 190 – 191.

[242] Zhang T, Siebers P-O, Aickelin U. 2016. Simulating user learning in authoritative technology adoption: an agent based model for council-led smart meter deployment planning in the UK [J]. Technological Forecasting and Social Change, 106: 74 – 84.

[243] Zott C, Amit R, Massa L. 2011. The business model: recent developments and future research [J]. Journal of Management, 37 (4): 1019 – 1042.